기독교문서선교회(Christian Literature Center: 약칭 CLC)는 1941년 영국 콜체스터에서 켄 아담스에 의해 시작되었으며 국제 본부는 미국 필라델피아에 있습니다.
국제 CLC는 약 650여 명의 선교사들이 59개 나라에서 180개의 서점을 운영하며 이동 도서 차량 40대를 이용하여 문서 보급에 힘쓰고 있으며 이메일 주문을 통해 130여 국으로 책을 공급하고 있는 국제적 문서선교 기관입니다.

추천사 1

이상명 박사
캘리포니아프레스티지대학교 총장

전도는 해야 하는가?
전도는 강요가 아닌가?
전도해야 한다면 어떻게 해야 하는가?

신앙의 연륜이 오래된 성도라도 이러한 물음에 답변하기 쉽지 않다. 전도는 어떤 원리가 아닌 실천의 영역에서 이뤄지는 하나님의 구원 방식이다. 하나님의 은혜의 복음과 그리스도의 강권적 사랑을 경험한 그리스도인에게 있어 전도는 선택 사항이 아닌 생활 방식이 된다.

포스트모더니즘과 종교다원주의가 그리스도인으로 하여금 복음에 대한 배타적 헌신과 자신감을 잃게 만드는 요인으로 작용하고 있다. 이러한 세태 속에서 복음 전도의 중요성은 갈수록 퇴색하고 있다. 이는 성도의 영적 침체와 교회의 정체성 위기로 이어진다. 전도가 성도의 임무요 교회의 사명임을 알면서도 전도하지 않는 것은 그 자체로 성도의 가장 큰 실패일 것이다.
저자는 『FISH 전도법』에서 효과적인 전도 방법을 소개한다.

Find the people(사람들을 찾고)
Invite the people(그들을 초대하고)
Sharing the life(함께 웃고 울며)
Help the people(영육의 필요를 채워 주기)

각 영어 문장의 첫 글자를 조합한 이 전도법은 예수님이 제자들에게 말씀하신 "사람을 낚는(fish)"(마 4:19) 일에서 영감을 얻었다. 이 책은 예수 그리스도의 참된 제자의 표식 가운데 하나인 전도를 간결하나 아주 실제적으로 제시하는 탁월한 매뉴얼이자 전도신학이다. 저자가 처음부터 마지막까지 구령의 열정으로 기록한 이 책을 읽는 내내 독자는 감동과 도전을 받게 될 것이다.
저자는 이 책에서 필요성과 당위성은 알지만 전도를 실행하기 어려워하는 성도를 대상으로 〈FISH 전도법〉을 소개한다. 전도가 예수 믿는 제자의 최고의 사명이요, 하나님을 가장 기쁘시게 하는 일임을 자신의 삶과 사역으로 고백하고 증언하는 저자의 간증에 독자는 매료될 것이다.
이 책은 "전도의 미련한 것으로"(고전 1:21) 하나님의 구원 계획에 동참하는 역설적 방법을 소개한다. 전도에 대한 두려움을 극복하여 예수님의 대위임령(마 28:19-20)을 일상 속에서 수행하고자 하는 그리스도인이라면 읽어야 할 성서적 전도법으로서 『FISH 전도법』을 강력히 추천한다.

추천사 2

이상훈 박사
America Evangelical University(미성대학교) 총장

팬데믹 이후, 많은 교회가 존재론적 위기에 직면했다. 복음에 대한 냉소적 시선, 급격한 세속화와 기술의 발전은 교회의 미래를 더욱 불확실하게 만든다. 그러나 이것이 복음의 실패를 의미하는 것은 아니다. 오히려 본질로 돌아가 복음 전도의 사명을 회복하라는 하나님의 강력한 메시지임을 우리는 기억해야 한다.

열정의 회복과 더불어 전도의 새로운 패러다임이 필요하다. 나는 북미 지역에서 새롭고 창의적인 교회들을 연구하면서, 성도가 복음을 일상의 삶 속에서 자연스럽게 살아 내며 전도하는 것이 얼마나 중요한지 깨달았다. 전도는 더 이상 소수의 특별한 은사로 국한되지 않고, 모든 성도가 일상 속에서 실천해야 할 사명이다.

서민수 목사의 『FISH 전도법』은 바로 이러한 새로운 패러다임을 반영하고 있다. 이 책은 전도가 삶의 자연스러운 일부가 되는 방법을 제시한다. 전도는 소수에게 주어진 특별한 은사가 아니라,

모든 성도가 쉽고 즐겁게 실천할 수 있는 사역임을 보여 준다. 전도는 단순한 프로그램이나 이벤트가 아니라 일상 속에서 기회를 찾고, 다른 사람과 삶을 나누며, 그의 영적, 육적 필요를 채워 주는 과정이다. 이는 역사를 통해 선교적 교회가 실천해 온 전도 방법론이기도 하다.

이 책은 전도를 어려워하거나 두려워하는 성도에게 실천적인 길잡이가 될 것이며, 교회공동체에는 선교적 복음 전파의 새로운 문을 여는 기폭제가 될 것이다.

많은 교회와 성도가 이 책을 통해 창의적이고 선교적인 복음 전파의 물결을 경험하길 기대한다.

FISH Strategy
Written by Carl Suh
All rights reserved.
Korean Edition Copyright ⓒ 2024 by Christian Literature Center, Seoul, Korea.

FISH 전도법

2022년 8월 12일 초판 발행
2024년 11월 14일 개정판 발행

지 은 이 | 서민수

편　　집 | 이소현
디 자 인 | 이보래, 서민정
펴 낸 곳 | (사)기독교문서선교회
등　　록 | 제16-25호(1980. 1. 18.)
주　　소 | 서울특별시 동대문구 천호대로71길 39
전　　화 | 02-586-8761~3(본사) 031-942-8761(영업부)
팩　　스 | 02-523-0131(본사) 031-942-8763(영업부)
이 메 일 | clckor@gmail.com
홈페이지 | www.clcbook.com
송금계좌 | 기업은행 073-000308-04-020 (사)기독교문서선교회
일련번호 | 2024-116

ISBN 978-89-341-2758-1(03230)

이 책의 출판권은 (사)기독교문서선교회가 소유합니다.
신저작권법에 의하여 한국 내에서 보호를 받는 저작물이므로 무단 전재와 무단 복제를 금합니다.

지금 당장 즐겁고 신나게 전도할 수 있는

FISH 전도법

서민수 지음

전도에 대한 부담감만 있던 자리에서 벗어나
영혼을 구원하는 오병이어의 기적을 경험하게 된다!

CLC

목차

추천사 1 **이상명 박사** | 캘리포니아프레스티지대학교 총장 1

추천사 2 **이상훈 박사** | America Evangelical University(미성대학교) 총장 3

감사의 글 9

제1장 〈FISH 전도법〉이 나오기까지 10

제2장 전도가 뭐꼬? WHAT'S FISH? 24

제3장 눈을 씻고 찾아봐라 보이나? FIND THE PEOPLE 46

제4장 뭐하노, 퍼뜩 데코온나! INVITE THE PEOPLE 70

제5장 까리한 인카네이터! SHARING THE LIFE 90

제6장 우리가 남이가? HELP THE PEOPLE 110

맺는 글 127

감사의 글

성도에게 있어 전도는 해도 그만, 안 해도 그만인 것이 결코 아니다. 사람 때문에 이 땅에 오신 예수님이 모든 믿는 자에게 복음을 전하라 부탁하셨다. 복음을 전하는 것이 전도다.

늘 부담스러운 단어 '전도', 어떻게 하면 기쁘고 즐겁게 할 수 있을까?

이 질문에 대한 답을 〈FISH 전도법〉을 통해 얻을 수 있다. 이 답을 얻기까지 많은 고민과 갈등이 있었다. 답을 얻기까지 주님의 마음을 주시고 끊임없이 인내해 주신 나의 주 예수 그리스도께 감사와 영광을 올려 드린다.

그리고 부족하고 연약한 남편이요 아버지인 나를 끝까지 사랑과 인내로 대하는 사랑하는 아내(Youjin)와 아이들(Caleb & Faith)에게도 진심으로 감사한다. 함께 구원 방주에 타고 영혼 구원의 사역을 감당하고 있는 방주교회 공동체에도 감사를 드린다.

영혼 구원의 열정을 가지고 지금도 애쓰고 힘쓰는 모든 그리스도의 제자에게 이 책을 드린다.

제1장

〈FISH 전도법〉이 나오기까지

♦ 줄탁동시

난 평생 교회 안에서 성도로 살았다. 어려서부터 전도에 관해 무척 많이 듣고 자랐다. 그런 나에게 '전도'라 하면 부정적이고 두려운 감정부터 올라왔다.

왜 그럴까?

왜 그토록 오랜 세월 교회를 다니면서 전도에 대해 귀가 닳도록 들었는데도 여전히 불편한 마음이 떠나질 않을까?

더군다나 목사가 되었는데도 전도에 대한 정확한 개념과 전략이 없는 스스로를 보면서 답답한 마음이 들었다.

수년 전, 장로교단 목사 고시를 보고 면접을 치렀다. 그때 면접관 목사님이 나에게 이런 질문을 하셨다.

"서 전도사는 지금까지 몇 명이나 전도했소?"

에둘러 대답하기는 했지만 그 충격은 여전히 남아 있다.

질문하신 목사님의 의도는 분명했을 것이다. 목사가 되고자 하는 사람이 평소에 전도했는지, 또 목사가 되겠다고 하는 사람이 전도에 대한 확고한 의지와 결단, 그리고 목표가 있는지를 묻고자 하셨을 터이다.

이러한 질문은 목사가 되고자 하는 사람에게만 국한되는 질문이 아닐 것이다.

아마 우리가 예수님을 만나면 묻지 않으실까?
"세상에 살면서 얼마나 많은 사람에게 복음을 전했느냐?"
교회도 이 질문으로부터 자유로울 수는 없지 않을까?
교회가 얼마나 복음을 전하기 위해 힘쓰고 애썼는지 물으신다면 뭐라고 대답할 수 있을까?

어느 모임에서 각자의 교회가 더 좋다고 자랑하는 분들을 본 적이 있다. 그분들의 말에 따르면, 음식이 좋고 사람이 많이 모이는 것이 좋은 교회의 기준이었다. 자기 교회를 아끼는 마음을 내가 모르는 것은 아니다. 그렇지만 좋은 교회란 분명 영혼을 살리는 교회이다. 영혼 구원에 힘쓰는 교회이다. 영혼 구원에 대한 분명한 생각과 전략과 실천이 있는 교회이다.

나도 한때 전도라는 것이 그저 사람을 인도해서 내가 다니는 교회에 출석시키는 일이라고 생각했었다. 그러다 보니 여러 제약이 따랐고, 그러한 문제로 인해 전도에 대한 불편한 마음을 안고 살아왔다.

이러한 불편한 마음이 전도에 열중하는 어느 목사의 강연을 들음으로 폭발했다. 몇 가지 동의할 수 없는 부분으로 인해 전도에 대한 생각이 종잡을 수 없을 만큼 머릿속에서 많아졌다. 결국, 전도에 대해 스스로 정리하기로 마음먹었다. 이러한 생각과 상황이 〈FISH 전도법〉을 만들게 된 배경이다.

자극의 시작은 가까운 곳에서

내 아들은 어려서부터 축구를 했고 엘리트 코스를 섭렵했다. 운동선수로 프로가 되기 위해서는 어려서부터 해야 할 것이 참 많았다. 자신의 꿈과 목표를 이루는 일이 마치 하늘의 별을 따는 것과 같이 어렵다는 것을 아들이나 나 처음에는 알지 못했다.

몇십 년을 훈련했음에도 프로가 되는 길은 여전히 멀고도 험하다. 아들 또래의 많은 선수가 같은 팀에서 함께 생활하며 시작했지만, 해가 거듭될수록 하나둘 사라져 갔다. 그만큼 운동선수의 길은 험하고, 더 나아가 프로가 되는 길은 더더욱 험난하다.

어디, 운동에서만 이런 일이 있겠는가?
신앙생활은 어떠한가?
신앙생활도 몇십 년을 했다면 프로는 아니어도 적어도 프로와 견줄 만한 수준에 올라야 하지 않을까?

그런데 내 모습을 보니 직업적인 사역자 정도는 되겠지만 어느 모로 보아도 프로 목회자, 프로 제자라 말하기는 어려웠다.

아들은 하루에도 수십 번 아버지인 나로부터 자신이 해야 할 일에 대해 듣는다. "우유 마셔라", "몸을 잘 풀어라", "열심히 운동해라", "약 먹어라" 등등. 이 모든 말을 하는 이유는 아들이 좋은 선수가 되고 프로가 되기 위해 꼭 필요한 일을 짚어 주기 위해서다. 목표는 정확하다. 그러나 그 목표를 이루기 위해서는 해야 할 것이 너무나 많다.

만약 수만 가지나 되는 프로가 되기 위한 실천 사항을 내가 죽기 전에 아들에게 한마디 유언으로 정리하여 남긴다면 무슨 말을 할 수 있을까?

단언하건대 마지막 말은 "프로가 돼라"일 것이다. 이 한마디 말이 가진 의미는 상상 그 이상이다. 이 말 속에는 평소 일상에서 아들이 해야 할 모든 것이 포함되어 있다. 프로가 되기 위해 아들은 매일 잘 먹어야 하고, 열심히 운동해야 하고, 또 잘 쉬어야 한다. 프로가 되기 위해 평소 아버지에게서 들었던 수많은 일을 매일 수행해야 한다.

평소 아들에게 귀가 아프도록 강조했던 그 모든 일상의 행동이 "프로가 돼라"라는 말에 함축되어 있다. 사실 운동선수에게 프로는 최종적인 목표이자 목적이다. 모든 운동선수는 프로라는 레벨을 향해 열심히 달린다. 프로 레벨은 운동선수로서 최고의 단계다. 프로가 되면 그동안 힘들게 운동했던 시간과 흘린 땀에 대한 어느 정도의 보상을 받게 된다.

신앙생활을 하는 성도에게 있어 가장 높은 레벨은 바로 제자가 되는 것이다. 제자가 되기 위해서는 많은 훈련이 필요하다. 그 많은 훈련에 관해서는 성경 곳곳에 기록되어 있다. 나는 성도로 살면서 구약과 신약을 어려서부터 읽었다. 그래서 성도로 살면서 해야 할 것이 많음을 일찍이 깨달았다.

그렇다면 수많은 일을 하면서 가장 중요하게 붙들어야 할 성도의 정체성은 무엇일까?

나는 목사로서 또 그리스도인으로서 이 질문을 스스로에게 묻고 또 물었다. 그래서 얻은 답이 바로 제자가 되는 것이다.

❢ 사라져 버린 전도에 대한 자극

예수님의 마지막 유언은 교회 밥을 조금이나마 먹어 본 성도라면 다 알고 있다.

"땅끝까지 이르러 내 증인이 되어라."

증인이 되라는, 다시 말하면 전도자로 살라는 말씀이다. 이 유언은 모든 민족을 제자로 삼으라는 말씀과 같은 의미다. 바로, 전도자가 되어 사람을 살리고 영혼을 구원하라는 말씀이다.

이 유언을 생각하면 그 말씀 속에 평소 성경이 가르치는, 하나님을 사랑하고 이웃을 사랑하는 것이 모두 포함되어 있음을 깨닫게 된다. 한 사람을 살리는 일은 하나님을 사랑하지 않고서는 결코 할 수 없다. 복음을 전하는 일은 이웃을 사랑하는 마음이 없이는 결코 할 수 없다. 영혼을 구원하는 과정 속에 성경의 가장 큰 계명이 살아 움직이고 있음을 매일 경험하게 된다.

앞에서 내가 축구선수인 아들에게 수만 가지의 부탁을 매일 할 수 있겠지만 만약 이 땅을 떠나면서 한마디 유언을 남겨야 한다면 프로가 되라고 말하겠다고 했다. 아들은 이 말을 이루기 위해 일상에서 반복되는 모든 훈련을 소홀히 여기지 않을 것이다. 아무리 힘들고 지겨워도 자신에게 남겨진 아버지의 유언을 기억하고 끝까지 참고 버티면서 실천할 것이다.

이처럼 우리도 신앙의 프로가 되어야 한다. 적어도 교회 밥을 먹고 신앙생활을 좀 했다면 프로가 되어야 한다. 예수 그리스도께서 모든 믿는 자에게 하신 부탁이자 유언대로 살아가야 한다.

그런데 안타깝게도 예수님의 유언을 기억하여 신앙의 프로가 되어야겠다는 생각조차 하지 않는 경우가 참 많다. 자신의 경험과 지식을 토대로 인스턴트 방식으로 대충 생활하는 경우가 적지 않다.

사실 신앙생활에서 프로가 된다는 말은 '제자'가 된다는 의미이다. 제자가 되라는 예수님의 말씀 안에는 구약과 신약을 관통하는 하나님의 뜻을 삶 속에서 이루며 살라는 뜻이 포함되어 있다.

그런데 이 제자가 되는 것에는 기준점이 있다. 내가 제자인지 아닌지를 구분하는 기준은 다른 사람을 제자로 삼고, 제자를 남기고 있는가 하는 것이다. 이것이 바로 영혼 구원이고, 전도를 의미한다.

다시 말해, 신앙생활에서도 가장 높은 경지인 프로가 되어야 하는데 그 프로의 단계가 바로 제자이고, 그 제자는 전도하여 영혼 구원할 방법을 알고 실천하는 성도를 의미한다.

제자와 판매자

> 이 열둘을 세우셨으니 시몬에게는 베드로란 이름을 더하셨고 또 세베대의 아들 야고보와 야고보의 형제 요한이니 이 둘에게는 보아너게 곧 우레의 아들이란 이름을 더하셨으며 또 안드레와 빌립과 바돌로매와 마태와 도마와 알패오의 아들 야고보와 및 다대오와 가나나인 시몬이며 또 가룟 유다니 이는 예수를 판 자더라(막 3:16-19).

아들이 프로가 되어서 첫 경기를 교체 출전하게 되었다. 우리 가족은 조마조마한 마음으로 아들의 경기를 보았다. 아들은 벤치에서 경기를 시작했기에 본경기에서 불과 30여 분을 뛰었지만 공식적으로 프로 데뷔를 했다. 본인도 가슴 떨렸겠지만 아들을 바라보는 가족의 마음도 흥분 그 자체였다.

경기의 끝을 알리는 주심의 휘슬이 울리자, 선수들이 하나둘 필드를 빠져나오기 시작했다. 그런데 자세히 보니 선수들이 라커 룸으로 바로 들어가는 것이 아니었다. 팬들을 만나기 위해 관중석 가까이로 이동하고 있었다.

단 한 번도 프로로 공식 경기를 뛰어 보지 않은 아들은 우물쭈물 라커 룸으로 걸어 들어가려고 했다. 그 순간 아들의 이름을 부르는 팬들의 부름에 다른 선수들이 아들을 부르기 시작했다. 몇몇 팬이 아들의 이름을 부르며 사인을 받기 위해 기다리고 있었다. 아들은 당황스러운 얼굴로 팬들이 있는 관중석으로 걸어갔다. 그리고 소녀 팬들이 가져온 티셔츠와 종이에 사인을 해 주었다. 사인을 받은 소녀 팬들은 너무나 기뻐했다.

한때 한국에서 『팬인가, 제자인가』라는 책이 유명했다. 제목만 얼핏 들어도 이 책이 무엇을 말하려는지 대충은 알 수 있다. 팬과 제자는 판이한 두 부류의 사람이다. 마치 팬과 운동선수가 다른 것처럼.

팬은 제자의 훈련과 고통을 결코 똑같은 분량으로 감당할 수 없다. 오히려 그 고통과 어려움을 감당할 수 없기에 제자가 모든 어려움을 극복하고 보여 주는 퍼포먼스에 감동을 받고, 함께 기뻐한다. 일반인이나 팬은 프로가 되기 위해 거쳐야 하는 모든 괴로움과 눈물, 아픔을 똑같이 경험할 수 없다. 영광의 순간에 그저 함께 기뻐하고 응원할 뿐이다.

요즘 전 세계적으로 열풍을 일으키고 있는 아이돌 그룹이 있다. 많은 이가 그들에게 열광하고, 그들의 일거수일투족에 관심을 둔다. 그렇지만 팬과 프로 가수의 삶은 분명 다르다.

이러다 보니 신앙생활하면서 이렇게 생각하는 사람도 많다.

'꼭 제자(프로)가 되어야 하나?'

'팬도 괜찮지 않아?'

웬만큼 규모가 있는 교회라면 그 가운데는 목회자나 찬양팀, 혹은 어느 특정 부서를 응원하고 좋아해서 그냥 팬처럼 소속된 성도도 있을 수 있다. 뭐 굳이 모든 사람이 제자가 되어야 하느냐고 볼멘소리를 할 수도 있다.

팬이 될 것인가, 제자가 될 것인가?

내가 되고 싶은 것을 선택하는 순간, 우리는 그 선택에 대해 책임을 져야 한다. 팬으로 남고 싶어서 팬이 되는 것을 선택했다면, 훗날 주님 앞에 섰을 때 주님은 우리에게 그 선택에 대한 책임을 물으실 것이다. 그러나 분명한 사실은 우리가 무엇이 되고 안 되고를 결정할 수 있는 위치에 있지 않다는 것이다.

예수님은 제자들을 부르시고, 그들에게 제자로서의 사명을 주셨다. 그리고 승천하시면서 성도에게 동일한 사명을 주셨다. 제자가 되어 제자를 남기는 것이 바로 예수님이 주신 사명이다. 명령이다. 성도를 부르시는 예수님의 부르심에는 분명한 이유와 목적이 있다.

> 이에 열둘을 세우셨으니 이는 자기와 함께 있게 하시고 또 보내사 전도도 하며 귀신을 내쫓는 권능도 가지게 하려 하심이러라 (막 3:14-15).

예수님은 모든 성도가 제자 되기를 원하신다. 제자가 되어 하나님의 나라와 예수님의 복음을 전하기 원하신다. 영혼을 살리고 생명을 구하는 일이 가능하도록 모든 능력과 은사를 주신다.

우리가 잘 아는 것처럼, 예수님의 제자 중 사회적으로 엄청난 지위와 능력을 소유한 자가 많지 않았다. 오히려 대부분 평범에 가까웠던 사람이었다. 그런 그들로 예수님은 사람을 구하고 생명을 구하는 제자가 되게 하셨다. 필요하다면 모든 것을 할 수 있는 사람으로 세워 주신다. 이것이 우리를 제자로 부르신 예수님의 약속이다.

영혼 구원이 바로 제자가 하는 일이고, 예수님은 우리 모두가 그 일을 하기 원하신다. 제자 되는 것이 싫고 힘드니 그냥 팬으로서 응원만 하겠다고 결정하면, 그것은 예수님의 뜻과 부르심을 거부하는 것이다. 그럼에도 팬이 되기로 결정했다면 그 책임은 우리 각자가 져야만 한다.

그런데 많은 경우 인생이 예수님의 팬으로 사는 것으로 끝이 나지 않는다. 가룟 유다는 제자로서 부르심을 받았지만 여러 가지 이유로 제자가 되지 못했다. 그런데 그것이 끝이 아니었다. 그는 제자가 아닌 판매자가 되었다.

> 말씀하실 때에 한 무리가 오는데 열둘 중의 하나인 유다라 하는 자가 그들을 앞장서 와서 예수께 입을 맞추려고 가까이 하는지라 예수께서 이르시되 유다야 네가 입맞춤으로 인자를 파느냐 하시니(눅 22:47-48).

우리가 잘 아는 것처럼 예수님의 제자였던 가룟 유다는 돈 몇 푼에 예수님을 파는 판매자가 되어 버렸다. 예수님을 팔기로 이미 판을 다 짜 놓고, 태연스럽게 예수님 앞에 나와 입맞춤을 했다. 그래서 가룟 유다라는 이름에는 수식어가 붙는다.

"예수를 판 자"(마 10:4).

그는 다른 제자들과 똑같이 예수님으로부터 부르심을 받았고, 제자가 될 수 있는 기회를 얻었다. 그러나 그는 제자 되기를 거부했고, 종국엔 판매자가 되었다.

교회를 다니고 예배에 참여하지만 제자가 되지 않으면, 누구 할 것 없이 언제라도 예수님을 다른 것과 맞바꾸는 판매자가 될 수 있다. 가룟 유다가 돈과 예수님을 트레이드(trade) 한 것처럼 우리도 할 수 있다.

어디 돈뿐이겠는가?
예수님과 바꿀 만한 세상 즐거움이 얼마나 많은가?
우리를 유혹하는 것이 세상에 널려 있지 않은가?

이미 성경에는 예수님과 바꿀 만한 것이 산더미같이 기록되어 있는데 나만큼은 판매자가 아니라고, 가룟 유다가 아니라고 꿋꿋하게 말할 자신이 있는가?

제자와 판매자 사이에 모호한 회색인은 없다. 제자와 판매자 사이에 은근슬쩍 서 있을 수 있는 회색지대는 존재하지 않는다. 진심으로 예수님을 믿는다면, 제자로 부르신 엄중한 예수님의 부르심 앞에 우리 스스로를 돌아보아야 한다.

다양한 크리스천 문화와 화려한 설교와 여러 교회 활동을 즐기는 팬인지, 언제라도 예수님보다 더 보암직하고 먹음직한 것을 선택할 수 있는 판매자인지 죽기 전에, 예수님 앞에 서기 전에 돌아보아야 한다.

나는 아들이 프로가 되기 위해 애쓰고 힘쓰고 때로는 절망하기도 한 모든 시간을 함께하면서, 몇십 년간 신앙생활을 해온 나 자신을 되돌아보게 되었다. 그리고 그 시간을 통해 내가 서야 할 자리를 결단하게 되었다. 팬이나 판매자가 아닌 제자가 되기로 결단했다. 그리고 내가 할 수 있는 여러 가지 방법으로 전도법을 정리하기 시작했다. 그러나 그 일은 내 노력과 달리 결코 쉽지 않았다.

어느 날 아침, 나는 출근을 위해 샤워를 하면서 전도에 관한 여러 가지 생각을 하고 있었다. 그때 갑자기 내 머리를 때리는 물줄기처럼 머릿속을 강타하는 말씀이 있었다.

> 말씀하시되 나를 따라오라 내가 너희를 사람을 낚는 어부가 되게 하리라 하시니(마 4:19).

어린 시절부터 너무나 많이 듣고 자랐던 말씀이었다. 평소에도 신약을 통독할 때마다 몇 번이고 읽었던 말씀인데 그날따라 나의 뇌리를 스치고 지나갔다. 나는 지체하지 않고 그 말씀의 영어 번역을 찾았다. 그리고 그 안에 선명하게 기록된 'FISH'라는 단어에 마음이 꽂혔다. 그 영어 단어 네 글자에 그동안 고민했던 전도에 관한 모든 내용이 들어갈 수 있을 것 같았다.

그 길로 출근하자마자 내가 그동안 기록해 두었던 전도에 대한 글을 뒤적였다. 많은 그림, 표, 정리되지 않은 글 등등. 나는 그 모든 내용을 'FISH'(물고기)라는 영어 단어 안에 빠른 속도로 정리해 넣기 시작했다. 이 F, I, S, H라는 네 글자를 기초로 만들어진 것이 바로 〈FISH 전도법〉이다.

> "Come, follow me," Jesus said, "and I will send you out to fish for people"(Matthew 4:19).

제2장

전도가 뭐꼬?
WHAT'S FISH?

> 좋은 소식을 전하며 평화를 공포하며 복된 좋은 소식을 가져오며 구원을 공포하며 시온을 향하여 이르기를 네 하나님이 통치하신다 하는 자의 산을 넘는 발이 어찌 그리 아름다운가 (사 52:7).

내가 처음 전도에 대해 정리하고자 하는 마음을 가졌을 때, 전도에 대한 정의를 먼저 내려야 했다. 전도의 사전적 의미는 '종교를 세상에 널리 알려 그 종교에 대한 믿음을 가지도록 인도하는 일'이다. 내가 믿는 종교(기독교)를 알리는 것이 바로 전도다. 성도가 믿음이 없는 세상 사람에게 자신이 믿는 생명의 도를 믿도록 인도하고 도와주는 것이 바로 우리가 말하는 전도다.

전도는 문자 그대로 도(길)를 전하는 것이다. 여기서 '길'이라 함은 '길이요 진리요 생명 되신 예수님'을 의미한다. 우리가 믿는 믿음의 근본이신 예수님을 전하고 그 예수님의 길을 소개하여 그 길을 함께 갈 수 있도록 돕는 것이 우리가 그토록 듣고 들었던 전도이다.

이런 측면에서 전도의 핵심이 되는 예수님과 그분의 오심이 모든 이에게 복음이다. 문자 그대로 복된 소식이다. 이 복된 소식이 전도에 빠져서는 안 된다. 우리는 전도의 핵심인 복음을 전해야 한다. 복음, 바로 우리에게 좋은 소식은 구원에 대한 소식이고 하나님의 통치하심에 관한 것이다. 이 복음을 전하는 것이 바로 전도다.

그런데 많은 경우 교회나 성도나 목사가 말하는 전도는 이와는 좀 다른 개념이 더 첨가되어 있다. 항상 교회 건물과 연결하여 교회에 데려오는 것을 결국은 전도라고 생각한다. 어떻게든 사람을 데려다 놓은 것으로 전도에 대한 개념을 정리하려고 한다. 전도에 대한 바른 개념이 정리가 안 된 채 전도를 시작하면, 그 끝은 상당히 다른 결과를 만들어 내게 되는 것을 본다.

그렇기 때문에 전도를 하고 싶다면 처음부터 전도에 대한 바른 개념을 가지고, 그 정리된 바른 개념 위에 구체적인 방법을 정리해야 한다.

이러한 생각에 사로잡혀 나는 매일같이 이런저런 방법을 동원해 전도에 대한 개념을 정리하기 시작했다. 그림도 그려 보고 표도 그려 보는 등 내가 할 수 있는 여러 가지 방법으로 전도에 관해 정리했다.

🍷 나는 전도하면 불편하고 불안한 그리스도인

　앞에서도 말한 것처럼 나는 모태서부터 교회를 다니다 보니 전도에 대해서는 귀가 아프도록 듣고, 배우고, 실천하면서 자랐다. 그런데 전도와 관련된 좋았던 기억보다 굉장히 무섭고 부끄럽고 피하고 싶은 일이라는 생각이 있었다. 그렇게 전도는 내 마음에 불편함으로 자리잡고 있었다.

　왜 내가 전도에 대해 이리도 부정적인 감정과 두려움을 가지게 되었는지 생각해 보았다. 그리고 그 답을 찾았다.

　중학생 때 교회서 노방전도라는 것을 하게 되었다. 그중에서도 가장 무서웠던 일은 버스 안에서 복음을 전하는 것이었다.

　내가 살던 동네에서는 버스 안에 소위 껌팔이 아이가 많았다. 그 아이들은 부모가 있지 않았기에 이런저런 모습으로 생활 전선에서 고생하고 있었다. 보육원에서 자라던 아이들이 버스에서 여러 가지 생필품을 승객에게 파는 호객 행위를 많이 했다. 그런 아이 보듯 불편한 눈빛으로 쳐다보는 많은 승객 앞에서 나는 복음을 판매하는 마음으로 전도라는 것을 했던 경험이 있다.

그 당시 나뿐 아니라, 이 일을 하는 다른 학생들도 두려움과 부끄러움을 안고 버스에 올랐다. 그런 우리를 보며 담당 전도사님은 두려움을 극복해야 한다고 가르치셨다.

그뿐이 아니다. 동네 사거리에서 기타 치면서 율동하면서 지나가는 많은 사람에게 전도했던 경험도 있다. 전도를 하고 있는데 학교 친구나 동네 친구를 만나게 되면 이상하게 부끄럽기도 하고 얼굴이 붉어지는 경험을 많이 했다. 때로는 아는 친구들의 시선을 피해 도망가고 싶다는 생각까지도 해 보았다.

이처럼 나는 전도라면 두렵고 부끄럽다는 부정적인 생각을 가지게 되었다. 그러니 전도해야 한다는 생각이나 전도하자는 말을 쉽게 할 수 없었다. 이런 부정적인 생각과 잘못된 개념을 가졌던 내가 어떻게 전도에 대해 적극적인 태도로 돌변하게 되었는지 생각하면, 분명 하나님의 은혜 덕분이다.

내가 전도를 부정적이고 왜곡된 감정으로 받아들였던 이유는 두 가지 사실을 몰랐기 때문이다. 하나는 전도가 내가 다니는 교회 건물로 사람을 데려오는 것이 아니라는 사실이다.

다른 하나는 다양한 방법으로 전도를 실천할 수 있다는 사실이다.

왜곡되어 버린 전도

많은 성도가 전도는 교회를 다니지 않는 사람을 교회로 데려오는 것이라고 생각한다. 아마도 이러한 생각은 가르쳐 주지 않았는데 저절로 습득한 것은 아닐 것이다. 분명 누군가로부터 직간접적으로 영향을 받았거나 혹은 이렇게 하는 것이 전도라고 배웠을 터이다.

교회는 성장해야 하고 사람이 와야 하고 그래야 능력 있고 좋은 목사, 좋은 교회라고 인정받기 때문에, 사람을 데려오는 일로 전도를 설명하며 강조하는 경우가 많다. 물론, 전부 다 그렇지는 않겠지만 분명한 사실은 우리 모두에게 전도에 대한 확실한 개념이 필요하다는 것이다.

결코 전도는 내가 다니는 교회나 건물로 사람을 인도하거나 데려오는 것을 의미하지 않는다. 만약 이것이 전도라면 내가 사는 나라가 아닌 외국에 있는 사람은 결코 전도할 수 없다. 같은 가족이라도 타국에 살고 있다면 전도할 수 없다. 친구도 그렇고 이웃도 마찬가지이다. 믿지 않는 친구가 타 지역에 살고 있다면 그 친구를 매주 자기가 다니는 교회로 데려올 수 있는 사람은 몇 안 될 것이다.

그렇다면 땅끝까지 이르러 제자 삼으라고 하신 예수님의 명령이 잘못된 것인가?

그렇지 않다. 다만 길 가다가 잠깐 만난 사람을 내가 다니는 교회로 인도해 내는 것은 특별한 능력이 아니고서는 쉽지 않음을 우리 모두가 안다.

지금까지 많은 교회, 특히 개척교회가 목표로 삼은 일이 바로 내 교회를 채우는 것이었다. 무조건적으로 채우는 것을 교회의 목표로 삼아 죽기 살기로 채우려고 몸부림을 쳤다. 사실 사람을 무조건 데려와서 교회를 채우겠다는 생각 저변에는 많은 이유가 있을 것이다. 적어도 개척교회에서는 전도가 교회의 존립과 직결된다고 여기고 새벽 강단에서부터 주일 예배에 이르기까지 전도를 외치고 부르짖는다.

그러나 교회에만 데려다 놓는다고 사람이 다 구원을 얻고 영원한 생명에 이르지는 않는다. 물론, 그렇게 될 확률이 높기는 하겠지만 그렇게 되지 않을 확률도 꽤나 높은 것이 사실이다.

그렇기 때문에 〈FISH 전도법〉에서 말하는 전도의 개념은 교회 건물로 사람을 데려오는 것만을 의미하지 않는다.

물론, 하나님을 알지 못하는 사람을 전도해서 예수님의 제자가 되게 하기 위해서 교회라는 조직과 공동체의 역할이 큰 도움이 되는 것은 사실이다. 그래서 일반적으로 교회로 데려오는 것을 전도의 마지막 단계라고 여긴다.

그러나 사람을 결국 교회 건물이나 교회의 공동체와 연결시키는 것으로만 전도의 의미를 국한해서는 안 된다. 건물은 유한한 것이고 영원하지 않은 것이기에, 영원하지 않은 것(교회 건물)에 영원한 것(생명 구원)을 담을 수 없다. 오히려 영원한 것에 영원하지 않은 것을 담는 것이 맞다.

오늘날 많은 교회와 성도, 목회자가 전도를 반대의 개념으로 믿고 당장 급한 불을 끄려고 한다. 그러나 결코 사람을 교회 건물 안으로 데려오는 것이 전도의 최종 목표가 될 수 없다.

전도의 다양성

내가 전도를 무섭고 두렵게 생각했던 큰 이유는 전도의 다양성에 대해 전혀 알지 못했기 때문이었다. 우리는 전도라는 말 속에 참으로 많은 다양함이 함께 존재한다는 사실을 이해해야 한다.

내가 어려서부터 경험했던 것처럼 길거리에서 찬양을 부르고 율동을 하며 버스 안에서 외치는 것만이 다가 아니다. 그런 것은 전도의 일부분이다.

그런데 전도라고 하면 모두가 다 노방전도를 나가야 할 것 같고 마트 앞에서 전도지를 나눠야 하는 것처럼 여기는 경우가 있다. 또한 세상을 향해 큰소리로 외치는 것으로 생각하는 경우도 있다. 물론, 세상에 하나님의 메시지를 선포하는 것이 전도이다. 그러나 그런 형태만 존재하는 것이 아니다.

많은 교회가 마트 앞에서 전도지를 나눠 준다. 전도지를 나눠 주는 것을 전도의 한 방법으로 생각하고 하는 것이다. 그런데 마트나 거리에서 큰소리로 외치거나 불특정 다수를 향해 전도지를 나눠 주는 전도 방법에 대해서 한 번쯤은 생각해 보아야 한다. 그러면 그러한 전도법을 수행하는 일에 적지 않은 용기와 결단이 필요하다는 것을 알게 된다.

물론, 교회가 조직적으로 함께 움직일 수 있는 전도 방법은 있어야 한다. 그러나 현재의 방법처럼 각양각색의 성도에게 획일화된 전도 활동을 시키는 것에는 상당한 무리수가 있음을 어렵지 않게 발견하게 된다.

왜냐하면, 성도들이 참으로 다양한 기질을 가지고 있기 때문이다. 각자가 다른 달란트와 은사를 가졌다. 잘할 수 있는 일의 모양이 서로 다 다를 수 있기 때문에 통으로 찍어 내는 듯한 방법으로는 효과적으로 전도할 수 없다.

이런 의미에서 성도라면 누구 할 것 없이 감당할 수 있는 전도 방법이 필요하다. 교회에서 모든 성도에게 획일화된 전도법를 제안하기엔 무리가 따른다.

『FISH 전도법』에서는 편협에서 벗어나서 전도에 대한 개념을 새롭게 정리하여 남녀노소를 막론하고 직업이 있건 없건, 부유하건 가난하건 관계없이 즐겁고 기쁘게 전도할 수 있는 방법을 소개한다. 큰 교회이든 규모가 작은 교회이든 누구라도 당장 시작할 수 있는 방법을 소개하고자 한다.

물론, 〈FISH 전도법〉이 만병통치약은 아닐 것이다. 그러나 전도에 대해 나처럼 불편하고 불안한 마음으로 어떻게 해야 할지 고민하는 목회자나 성도가 있다면 함께 실천해 보기를 제안한다.

많은 성도가 자신이 만난 하나님, 자신을 자유케 하신 주님, 자신을 사랑하시는 아버지 하나님의 그 아름다우심을 전하는 전도를 하고 싶어 한다. 그러나 그 구체적인 방법에 대해서는 대안을 가지지 못한 경우가 많다. 내가 만난 많은 성도도 전도가 하고 싶고 전도해야 하는 이유가 있음에도 전도를 실천한다는 것이 두렵고 쉽지 않다고 생각한다고 입을 모았다.

전도에 대한 답답한 마음을 가지고 살아가는 성도에게 〈FISH 전도법〉이 하나의 툴(tool)이 되었으면 한다. 무엇보다

이 거룩한 부담감을 기쁨과 즐거움으로 바꿀 수 있는 기어 변속기와 같은 도구가 되었으면 한다.

🍷 세상 마케팅에서 배우는 전도

마케팅에서 많이 언급하는 것 중의 하나는, 사람이 좋은 제품이나 음식을 경험했을 때 다른 사람에게 자신이 경험한 것을 소개하거나 홍보하게 된다는 점이다. 소개, 혹은 홍보를 하는 방법은 사람마다 천차만별일 것이다. 사람의 기질과 성향에 따라 다른 방법을 선택해서 홍보한다고 한다.

한 사람의 기질과 성향을 만드는 것에는 그 사람의 가정환경이나 교육 그리고 가치관 같은 여러 가지 요소가 포함된다. 홍보는 결국 사람이 하는 일이기에 다양한 성향을 가진 각자가 저마다 다른 모양으로 하게 된다.

예를 들어, 좋은 비누나 샴푸를 사용했다고 가정해 보자. 가장 간단한 홍보 방법은 말로 소개하는 것이다. 말하는 것을 좋아하는 사람은 전혀 개의치 않고 주변 사람에게 자신의 경험을 소개하거나 자랑한다. 그의 자랑은 처음부터 끝까지 자신의 황홀한 경험담이다.

그런데 모든 사람이 이 사람처럼 자신의 경험을 말로 자랑하지는 않는다. 어떤 사람은 자신의 SNS에 자기가 사용한 제품을 사진과 함께 올리기도 한다. 그런 사람은 상품에 대한 자세한 정보를 찾아 알리는 수고를 피하지 않는다.

일상에서 홍보하는 이들 가운데에는 자신이 사용해 본 제품을 구매해서 나눠 주는 열성파도 있다. 참으로 적극적으로 자신의 경험과 그 경험에서 오는 믿음을 가까운 사람에게 전달해 주는 사람이다. 그런 사람은 나누는 인생을 산다. 자신이 좋았던 경험을 다른 사람과 값없이 나눈다.

성도도 그와 별반 다르지 않을 것이다. 다른 의미나 대가를 염두에 두고 전도하지 않는다. 그냥 자기에게 참으로 좋았기 때문에 자랑하거나 소개해 준다.

평상시에 홍보할 때처럼 전도하는 데 있어 말로 하는 게 편한 사람은 말로 하면 된다. 말로 하는 게 제일 좋고 편하다면 그냥 말로 하는 것이다. 사람을 만나는 것이 즐겁고 사람과 함께 대화하는 것이 어렵지 않다면 그것으로 전도의 방법을 삼으면 된다. 마치 "내가 쓰는 샴푸 참 좋더라. 냄새도 좋고, 쓰고 나니 머릿결이 부드러워지더라" 같은 말처럼 자신의 경험을 말로 풀어 내는 것이다.

이렇게 전도하기 위해서는 무엇보다 복음이신 예수님을 만나야 한다. 만나서 진심으로 좋아야 전도할 수 있다.

❗전도해 보자!

 자신이 만난 예수님에 대해 다른 사람에게 고백하면 된다. 솔직한 경험담을 말하면 된다. 그렇게 하는 것이 바로 전도다.

 글을 쓰는 게 편한 사람은 글로써 자신의 경험을 말해 주면 된다. 요즘엔 카톡과 같이 글로 소통할 수 있는 수단이 얼마든지 있다. 사람의 얼굴을 보기가 힘들고 또 얼굴을 보면서 자신의 신앙적 경험을 말하기 힘들다면 얼마든지 글을 통해 말할 수 있다.

 글이란 매체를 통해서 자신의 감정과 느낌을 더 잘 표현해 내는 사람은 그러한 방법으로 전도하면 된다. 굳이 말이 편한 사람에게 글로 하라고 할 필요가 없고, 굳이 글이 편한 사람에게 말로 하라고 할 필요가 없다.

 전도라는 것이 꼭 말로 해야 하고 글로는 안 되는 것이 아니다. 밖에 나가서 큰소리로 외치면 전도이고 조용히 하면 전도가 아닌 것이 아니다.

 전도의 목표는 무엇인가?

 목표는 바로 자신의 경험을 나누는 것 그 자체이다. 비누라는 상품을 예로 든다면, 비누가 어땠느냐를 알려 주는 것이 목표다. 그 비누 파는 가게에 사람을 데려다 놓는 게 목표가 아니고 그 상품이 얼마나 좋은지, 그 비누를 썼을 때 얼마나 행복한지를 알려 주는 것이다. 바로 나를 행복하게 만드는 것을 상대에게도 알려 주어 그도 행복해지기를 바라는 사랑의 마음을 표현하는 것이다.

내가 만난 예수님을 소개하고 알려 주는 것이 전도의 궁극적인 목표이고 목적이지 다른 사람을 교회 건물 안에 데려다 놓는 것이 전도의 목표가 될 수 없다. 내가 예수님을 만나 어떻게 좋았는지, 어떻게 변화했는지를 전하는 것이 목표다.

그것이 전도다. 전도를 자꾸 어렵게 만들면 안 된다. 마치 수도원에서 엄청난 훈련을 해야 거룩한 사제가 되는 것처럼 전도를 오해하면 안 된다. 과거에 성경을 사제만의 전용으로 여겼던 것처럼 전도를 특정 사람만이 할 수 있는 어려운 일로 여기면 안 된다. 예수님은 절대 할 수 없는 일을 유언으로 남기지 않으셨고, 모든 성도가 감당할 수 있기에 부탁하셨다.

♩ 과거를 답습하지 말자!

오늘날 성도 대부분이 자신이 경험한 하나님의 사랑을 전하기보다는 복음을 찾아 헤매야 하는 큰 백화점과 같은 교회에 사람을 데려다 놓으려고 한다.

소개받은 샴푸나 비누를 백화점 안에서 찾는 데에는 많은 어려움이 따를 수 있다. 그 넓은 백화점 안에서 자신이 소개받은 제품을 찾는다면 다행이지만, 큰 백화점의 화려함 속에 혹은 다른 여러 마케팅 전략에 속아 발걸음을 다른 곳으로라도 옮긴다면 소개한 사람이나 소개받은 사람 모두에게 슬픈 일이 아닐 수 없다.

성도는 전도할 수 있도록 부르심을 받았고, 또 필요한 능력을 은사로, 달란트로 받았다. 물론, 각자가 받은 은사와 달란트가 다르지만, 모두가 적어도 한 달란트 이상은 받았기 때문에 누구나 복음을 전하고 전도할 수 있다.

백화점에 데려다 놓는 것이 아니라 본인이 경험한 것을 바로 전달해 주어야 한다. 책임이 교회에 있는 것이 아니라 전하는 사람에게 있다.

그렇기 때문에 우리는 복음을 전하는 다양한 방법 중에서 나에게 맞는 것이 무엇일까를 고민해야 하고 배워야 한다. 교회의 목회자가 성도 스스로 자신의 은사와 달란트를 따라 전도할 수 있도록 가르치고 도와야 한다. 그저 교회에 빠지지 않고 잘 나오고 교회 일이라면 시키는 대로 잘하고 헌금 잘 내면 믿음 좋은 성도라고 가르치면 안 된다. 제자가 되어야 하고, 제자가 되어 다른 제자를 남길 수 있어야 한다고 가르쳐야 한다.

〈FISH 전도법〉은 다양한 전도의 방법 중에서 가장 본인에게 맞는 전도 방법, 스스로 잘할 수 있는 전도 방법을 찾을 수 있도록 도와주고 훈련하는 프로그램이다.

착한 행실의 의미

어떤 사람은 착한 모습만으로도 주변에 하나님을 소개할 수 있고, 하나님을 영화롭게 할 수도 있다. 요즘 같은 세상에서는 교회 다니는 사람이 사고만 안 쳐도 하나님이 욕먹지 않으신다. 믿는다는 성도가, 심지어 목사와 교회가 앞다투어 사고를 친다. 거짓말도 잘한다. 돈을 좋아한다. 사람 앞에서 냄새나는 것을 너무나 많이 가지고 있다. 전도는커녕 오히려 교회와 정반대 방향으로 발걸음을 돌리게 만든다.

나는 성도 각자가 세상 속에서 바르게 사는 것만으로도 소극적인 의미에서 전도에 동참하는 것이라 생각한다. 성경 말씀대로 하루하루의 삶 속에서 말씀을 지켜 행하는 것만으로도 우리는 어느 정도 전도의 한 축을 담당하고 있다.

> 이같이 너희 빛이 사람 앞에 비치게 하여 그들로 너희 착한 행실을 보고 하늘에 계신 너희 아버지께 영광을 돌리게 하라(마 5:16).

그런데 위의 구절에서 말하는 우리의 '착한 행실'이라는 것은 더 구체적으로 복음을 전하는 행위를 의미한다. 착한 일 가운데 가장 착한 일은 빛 되신 주님을 전하는 일이다. 이 일이야말로 예수님에게 칭찬받고 사람들에게 인정받는 착한 일이다.

직장인은 직장에서 인정받는 것, 그것이 소극적인 의미에서는 전도다. 나는 미국에 살면서 여러 가지 직업을 가져 보았다. 그런 경험 속에서 교회 다니는 성도가 욕먹는 것을 많이 보았다. 성도뿐이 아니었다. 심지어 목사도 세상 사람에게서 손가락질 받고 욕을 먹는다.

사람은 누구 할 것 없이 다른 사람과 이런저런 관계를 맺으며 살아간다. 그 관계 속에서 바르게 행하고 거짓말을 하지 않고 다른 사람을 유익하게 하는 것으로 얼마든지 하나님을 전할 수 있다. 그분의 이름을 높여 드릴 수 있다. 더 나아가 우리가 할 수 있는 최고의 착한 일인 복음을 전한다면 그것이 전도다.

성도가 이름과 걸맞지 않게 손가락질 받는 경우가 많은 것처럼 교회도 마찬가지로 세상 기업에서 해도 욕먹는 일을 버젓이 하는 경우가 있다. 그래서 실상은 전도 길을 다 막으면서도 잘한다고 여기며 산다. 우리 모두가 참 뻔뻔하다는 생각이 든다.

> 약한 자들에게 내가 약한 자와 같이 된 것은 약한 자들을 얻고자 함이요 내가 여러 사람에게 여러 모습이 된 것은 아무쪼록 몇 사람이라도 구원하고자 함이니 내가 복음을 위하여 모든 것을 행함은 복음에 참여하고자 함이라(고전 9:22-23).

전도하기 위해서 약한 자들과 함께 약한 모습으로 동감하고 함께 느끼고 동행하는 것, 이것도 복음을 전하는 일이다. 복음을 전하기 위해, 복음에 참여하기 위해 여러 가지 모습으로 변화할 수 있는 것, 바로 이것이 복음의 다양성이다.

이 복음의 다양성이 주는 가장 큰 의미는, 우리 모두가 다 전도할 수 있도록 설계되었다는 사실이다. 전도는 특정한 사람이나 부류만이 할 수 있는 것이 아니다. 문제는 전도하고자 하는 의지가 모든 성도에게 있느냐는 것이다. 우리는 스스로에게 물어야 한다.

전도할 의지가 있는가?

진심으로 전도하고 싶은가?

만약 특정인에게만 전도할 수 있는 자격이 있다면 예수님의 대사명은 불완전한 명령이 되는 것이다.

오늘 이 글을 읽고 있는 당신의 상황이 어떠한지 알 수는 없으나 분명한 사실은 하나님께서 당신이 전도할 수 있도록 설계하셨다는 것이다. 이 사실을 믿기 바란다.

지금 당신은 가난한가?

가난하다면 전도할 수 있다.

돈이 많은가?

그럼 돈이 많아서 전도할 수 있다.

직장이 있고 일이 너무 많은가?

그렇다면 직장생활을 열심히 하면 할수록 전도 잘할 수 있다.

직장이 없는가?

직업이 없어도 전도할 수 있다.

운동을 너무 좋아하는가?

그럼 그 좋아하는 운동을 하면서 전도할 수 있다.

남녀노소 누구나 다 할 수 있도록 주님이 설계해 놓으셨다. 이것이 전도의 혁명이고 전도의 파워이다. 우리는 스스로 잘할 수 있는 전도 방법을 찾아서 즐겁게 전도하면 된다.

▎운동화 끈을 다시 한번 조여 매면서

왜 전도하라고 말하는가?

아마 이 글을 읽는 당신은 목사로부터, 교회로부터 전도하라는 도전을 엄청나게 받았을 것이다. 앞에서 우리가 전도해야 할 이유가 단순히 교회의 빠른 부흥과 성장 그리고 그 혜택으로 얻는 좋은 건물, 넓은 주차장, 풀타임 사례비 등에 있지 않음을 천명했다.

그렇다면 왜 우리는 전도해야 하는가?

이 질문에 대한 답이 분명해야 지치지 않는다. 전도에 대한 명제가 확실해야 끝까지 달려갈 수 있다.

우리가 전도해야 할 이유는 바로 전도가 이 땅에 존재하는 일 중에 가장 가치 있는 일이기 때문이다.

가치 없는 일을 예수님이 세상을 떠나면서 부탁하셨겠는가?

얼마나 가치 있는 일이기에 도우시는 보혜사 성령님을 보내 주셨겠는가?

하나님이 세상에 존재하는 피조물 중에 가장 사랑하시는 것이 무엇이겠는가?

바로 사람이고 영혼이다. 천하보다 귀한 영혼이다. 이 영혼의 무게와 귀중함이야말로 전도의 이유와 직결된다. 하나님은 세상을 창조하시되 주님 당신의 이미지를 따라 사람을 창조하셨다. 그리고 사람의 타락에 아파하셨고, 타락한 그들을 구원하시기 위해 독생자를 세상에 보내셨다. 구원의 대업을 완성하신 주님이 이제 제자들을 통해 한 영혼, 한 영혼을 구원의 방주로 인도하길 원하신다.

이 아름답고 가치 있는 일에 예수님은 모든 성도와 제자, 교회를 파트너로 부르셨다.

> 예수께서 나아와 말씀하여 이르시되 하늘과 땅의 모든 권세를 내게 주셨으니 그러므로 너희는 가서 모든 민족을 제자로 삼아 아버지와 아들과 성령의 이름으로 세례를 베풀고 내가 너희에게 분부한 모든 것을 가르쳐 지키게 하라 볼지어다 내가 세상 끝날까지 너희와 항상 함께 있으리라 하시니라(마 28:18-20).

가장 가치 있는 중요한 일은 마지막 순간에 부탁하고 맡기는 것이다. 지금 당장 헤어지는데 그냥 일상적인 일을 이야기하는 사람은 없다. 당장 죽게 되었는데 해도 그만, 안 해도 그만인 일을 말하는 사람은 없다. 마지막 순간에는 가장 위급하고 중요한 것을 간추려서 말한다. 이 대사명이야말로 가장 가치 있고 중요하기에 승천하시기 전에 성도에게 주님이 부탁하신 것이다.

이렇게 귀한 가치 있는 일이기에 우리는 전도를 열심히 감당해야 하고 최선을 다해야 한다. 어떤 라이프 스타일을 가지고 어떤 캐릭터의 삶을 살아간다 할지라도 전도에 힘써야 한다.

> 너는 말씀을 전파하라 때를 얻든지 못 얻든지 항상 힘쓰라 범사에 오래 참음과 가르침으로 경책하며 경계하며 권하라 (딤후 4:2).

간혹 성도 가운데에는 이런 질문을 하는 사람이 있다.

"복음을 전하는 전도가 너무나 중요한 것은 알겠는데 그럼 다 목사가 되고 전도사가 되어야 합니까?

직장이나 다른 일을 다 그만두고 전도만 하러 다녀야 합니까?"

이 질문에 대한 답은 성경을 전체적으로 균형 있는 시각으로 이해하면 금방 풀리게 된다. 주님의 성품과 주님이 우리에게 주신 생명의 도를 잘 헤아리면, 전도가 가치 있는 일은 분명하지만 주님의 말씀이 모든 세상일을 때려치우고 전도만 하라는 뜻은 아님을 금세 깨닫게 된다.

가장 중요하고 가치 있는 일인 복음을 전하는 일을 잘하려면 자신이 가진 달란트를 먼저 깨닫고 그것을 사용해야 한다. 자신의 상황과 형편을 고려해서 그 안에서 얼마든지 가능한 방법을 통해 복음을 전할 수 있다.

주님은 가장 중요하고 가치 있는 일, 복음을 전하는 일을 부탁하면서 "너 알아서 해라. 힘들게 뼈 빠지게 해 봐라"라고 말씀하지 않으셨다. 이 가치 있는 일을 감당하고도 남는 힘과 필요한 달란트를 주셨고, 더 큰 필요도 채우겠다 약속하셨다.

이 말의 의미는 복음 전하는 능력이 바로 주님께로부터 온다는 것이다. 전도는 사람이 하는 것처럼 보이지만 실상 그 능력이 하늘로부터 오는 것이기에, 그 능력을 소유하기만 하면 누구라도 복음을 전할 수 있다.

> 예수께서 이르시되 할 수 있거든이 무슨 말이냐 믿는 자에게는 능히 하지 못할 일이 없느니라 하시니(막 9:23).

이 말씀의 배경은 바로 전도의 현장, 영혼 구원의 현장이다. 요즘에는 이 말씀을 자신이 하는 사업이나 가게의 승승장구를 위해 많이들 사용한다. 그러나 성경을 읽어 보면 이 말씀의 배경에 복음이 필요하고 영혼 구원이 필요한 현장이 존재했음을 알 수 있다. 예수님은 전도의 현장에서 복음이 막힐 수도 있는 급박한 상황을 보시면서 믿는 자에게는 하늘로부터 오는 능력으로 하지 못할 것이 없음을 몸소 보여 주셨다.

제3장

눈을 씻고 찾아봐라 보이나?
FIND THE PEOPLE

> 그때에 스데반의 일로 일어난 환난으로 말미암아 흩어진 자들이 베니게와 구브로와 안디옥까지 이르러 유대인에게만 말씀을 전하는데 그중에 구브로와 구레네 몇 사람이 안디옥에 이르러 헬라인에게도 말하여 주 예수를 전파하니(행 11:19-20).

전도를 하려면 가장 중요한 것부터 시작해야 한다. 바로 사람을 찾는 것이다. 복음은 기본적으로 믿음이 없거나 믿음에서 떠나 버린 사람에게 전해야 한다. 전도하겠다고 마음먹었다면 무엇보다 복음이 필요한 사람을 찾는 것이 중요하다.

사람이 가장 중요하다. 하나님께서 가장 사랑하시는 존재가 바로 사람이기 때문이다. 하나님은 사람 때문에 마음이 아프셨고, 사람 때문에 독생자를 이 땅에 보내셔야만 했다. 사람이 하나님에게 가장 귀하고 소중한 존재이다. 이 하나님의 사랑을 알면 알수록 전도하지 않을 수 없다.

그런데 이미 교회를 다니거나 신앙생활을 하는 사람이 전도하지 못하는 자신의 처지를 변호하며 흔히 말하는 변명거리가 있다.

"내 주변에 교회 안 다니는 사람이 없다."

목회자든 평신도든 예외가 없이 이런 말을 한다. 복음이 필요한 사람이 보이지 않기에 전도할 만한 사람이 없다고 한다. 사실은 그렇지 않은데 말이다.

내가 사는 미국 남가주에만도 수많은 비그리스도인이 있다. 교회가 수천 개나 되지만 여전히 믿음 없는 사람이 너무나 많다. 그런데 우리는 전도할 만한 사람이 없다고 말한다. 다시 말하지만 실상은 전도할 사람이 주변에 없는 것이 아니다. 스스로 내 주변에는 믿지 않는 사람이 없다고 말하면 위안이 될지 모르겠으나 결코 그 말은 사실이 아니다.

그렇다고 해서 예수님을 알지 못하고 하나님을 믿지 않고 살아가는 사람이 많다는 사실을 인정하기만 해서는 안 된다. 불특정 다수에게 전도가 필요하다고 생각하면, 전도를 나 아닌 다른 어느 누군가가 하는 일 정도로 여길 수 있다. 우리는 불특정 다수가 아닌 특정 소수를 내 가슴에 리스트화하는 작업을 해야 한다.

교회는 성도가 불특정 다수를 향해 전도할 마음만 품고 평생 일어나지 않을 일을 뜬구름 잡듯 바라보며 살아가지 않도록 도와야 한다. 이 일이 가능하려면 자신의 삶 속에 이미 들어와 있는, 예수님을 알지 못하는 특정 소수를 찾아야 한다.

배부르고 등 따뜻한 교회, 목회자, 성도

예수님 이후, 초대 교회 제자들과 성도들에게 큰 어려움이 닥쳤다. 그 어려움으로 인해 그들은 뿔뿔이 흩어지게 되었다. 이 고난과 흩어짐이 그들에게는 전도할 수 있는 기회요 원동력이 되었다.

사실 전도라는 것이 모든 상황이 편안하고 삶이 풍요롭다고 되는 것이 아니다. 어려움이 생기고 여러 가지 상황이 좋지 않을 때 성도는 더욱 간절히 기도하게 되고, 또 말씀을 전하는 삶을 살게 될 수 있다.

오늘날 많은 교회와 목회자와 성도가 자꾸 안주하려고 한다. 웬만큼 성도 수가 되고 먹고살 만하고 버틸 만하면 그 자리에 안주하려고 한다.

이 시점에서 우리는 스스로에게 질문해 보아야 한다.

안주하게 되는 이 상황이 과연 성경이, 하나님이 말씀하는 복일까?

오히려 교회와 성도에게 괴로움과 어려움이 있어도 그런 고난이 사람을 살리고 영혼을 구하는 일에 더욱 큰 원동력이 된다면 하나님은 그 길을 가라고 하실 것이다.

초대 교회 성도들은 피신을 떠난 곳에서도 전도를 했다. 그들이 피신해서 새로운 장소로 갔기 때문에 사람들이 저절로 그들에게 온 것이 아니라는 사실은 상식적으로 알 수 있다.

피신 간 곳에서 전도했다면 우리는 왜 못하겠는가?

전도하기로 마음에 결단을 하고 살려야 할 영혼을 찾으려 하면 분명 보이기 시작한다. 하나님의 마음과 눈물과 열정이 전도의 결단으로 꽃피우기 시작하면 그때부터 사람들이 보이기 시작하는 것이다.

초대 교회 성도들은 어렵고 힘든 상황 속에서 전도했다. 처음에는 유대인에게만 전도했지만, 조금 지나서는 헬라인에게도 전도를 했다. 유대인이 편한 사람은 유대인에게 전도했고, 헬라인을 대하기도 별문제 없으면 헬라인에게도 전도했다.

유대인이건 헬라인이건 찾는 것이 가장 중요하다. 내가 사는 삶의 바운더리 안에는 유대인도 있을 수 있고 헬라인도 있을 수 있다. 각자가 살아가는 삶의 모양과 형편이 다르기 때문에 자신의 상황에 맞게 사람을 찾으면 된다.

우리에게 전도에 대한 관심과 생각과 전략이 없을 뿐이지, 예수님을 믿지 않고 교회를 다니지 않는 사람이 없는 게 절대 아니다. 분명 우리 주변에는 교회에 안 다니고 예수님을 믿지 못하는 이가 아주 많이 있다. 우리가 관심을 가지고 눈에 불을 켜고 마음을 다하여 찾는다면, 분명 아주 많은 사람을 찾을 수 있을 것이다.

불특정 다수에서 특정 소수로

> 네거리 길에 가서 사람을 만나는 대로 혼인 잔치에 청하여 오라 한대 종들이 길에 나가 악한 자나 선한 자나 만나는 대로 모두 데려오니 혼인 잔치에 손님들이 가득한지라(마 22:9-10).

내 주변에서 전도할 사람을 찾는 일을 시작하기 위해서는 우선 몇 가지의 카테고리를 정해 놓고 주변 사람을 살펴보아야 한다. 〈FISH 전도법〉에서는 우리 주변에서 사람을 찾을 때 네 가지 범주에서 살펴보기를 제안한다. 이 네 가지의 카테고리에 복합적인 방법을 더하면 더 많은 전도 대상자를 찾을 수 있다. 우선 일차적인 차원에서 자신의 삶을 평면적으로 펼치고 다음 네 가지 카테고리를 확장시켜 보자.

🌱 첫째, 직업이라는 카테고리

일반적으로 자신의 직업을 아무렇게나 선택하는 사람은 없다. 자신의 전공과 관계없는 직업을 선택하는 경우도 있지만, 그렇다고 해서 관심과 소질이 전혀 없고 잘할 수 없는 일을 선택하는 사람은 거의 없다. 자신의 전공에 꼭 맞는 직업은 구하지 못하더라도 두 번째, 세 번째 대안을 가지고 그나마 자신이 관심 있는 분야의 회사에 취직을 하는 것이 일반적이다.

그 직장에서 만나는 여러 사람이 있다. 직장 동료야말로 가장 오랜 시간을 함께 보내는 사람일 것이다. 함께 많은 시간을 지내며 소통하는 관계이기에 하나님의 사랑을 전하고 그 사랑으로 섬길 수 있는 기회가 누구보다도 많을 것이다.

전도는 내가 다니는 교회로 사람을 데려가는 것이 아니라고 말했다. 당신을 통해 하나님은 그분의 사랑을 흘려보내기 원하신다. 당신의 따뜻한 말 한마디와 겸손한 섬김은 언젠가는 분명 하나님의 복음을 전하는 확실하고도 분명한 메시지가 될 것이다.

직장에서 함께 일하는 동료뿐만 아니라, 일을 통해 만나는 사람이 있을 수 있다. 거래처와 같은 곳에서 만나는 사람 가운데서도 당신의 복음과 섬김이 필요한 사람은 반드시 존재한다. 기도하며 관심을 가지고 눈을 씻고 찾기 시작하면 분명 보이는 사람이 있다.

둘째, 취미 생활 혹은 좋아하는 운동이라는 카테고리

요즘 시대를 살아가는 사람은 웬만하면 취미 혹은 좋아하는 운동이 하나쯤은 다 있다. 혼자서 하는 취미 활동이나 운동도 있을 수 있으나, 대개 다른 사람과 어울려서 하게 마련이다.

내가 사는 미국에서도 많은 사람이 여러 가지 취미 활동과 운동을 한다. 골프는 이미 대중화되어 있다. 골프는 적어도 네 명 이상이 함께 즐기는 운동이다. 대부분 다 아는 사이끼리 하지만 얼마든지 전도와 복음을 위해 활용할 수 있다. 사이클링과 같은 운동은 혼자 해도 되지만 많은 경우 여러 사람과 함께 라이딩을 나간다. 이런 여러 운동이 사람을 만나고 찾는 것에 참으로 유용하다.

요즘에는 살면서 조금이라도 여유가 생기면 취미 활동, 운동을 하면서 산다. 믿는 성도라면 즐겁게 여가를 즐기면서도, 그 여가 활동을 통해 사람을 찾는 훈련을 해야 한다.

좋아하는 운동과 취미 활동을 하면서 덤으로 전도하고 나눌 수 있다면 금상첨화일 텐데, 이렇게 쉽게 즐거움과 기쁨으로 할 수 있는 전도를 왜 마다하겠는가?

문제는 여전히 내 교회 건물에 데려올 생각에 사로잡히니 그때부터 머리가 아프고 전도가 힘든 것 아니겠는가?

하나님께서 당신이 어느 도시 어느 건물에 사람을 등록시키는가와 당신을 통해 그분의 사랑을 전하는 일 가운데서 어느 것을 더 기뻐하고 관심 가지시겠는가?

전도에 대해 아무 생각이 없을 때에는 무엇을 하든 사람에 대해 관심이 없다. 그저 자기가 하는 운동과 취미 활동에 목숨을 걸고 자기 만족을 위해 열심과 열정을 다한다.

그렇지만 하나님이 보이고 하나님의 소원이 가슴에 꽃피기 시작하면 내가 하고 있는 즐거운 운동과 취미 활동을 통해서 얼마든지 하나님의 일을 감당할 수 있게 된다.

셋째, 자녀 혹은 자녀의 교육이라는 카테고리

이 글을 읽는 독자 가운데 자녀가 있는 이가 있다면, 기본적으로 우리의 자녀가 복음을 전할 대상이고 우리에겐 전도 대상자라는 사실을 알아야 한다. 아이를 키우는 데 얼마나 많은 정성과 기도가 필요한지 다들 알고 있을 것이다. 우리의 자녀에게 복음을 전하고 예수님의 사랑을 깨닫게 하는 것이야말로 가장 기본적이고 가장 중요한 전도 프로젝트이다.

우리의 자녀가 복음의 확신 위에 서 있다면 하나님께 감사드리자. 그렇지 않다면 우리는 더욱 기도를 심고, 자녀를 말씀으로 축복하며 복음으로 그들의 인생을 세워 나가야 한다. 더 나아가서 우리의 자녀를 통해 얼마든지 많은 사람과 연결고리를 찾을 수 있음을 깨닫고 그들에게도 복음을 전하자.

나의 경우, 딸아이를 학교에 데려다주면서 매일 아침마다 만나 서로 인사하는 부모들이 있다. 오고 가며 서로 인사한다. 밝은 모습으로 서로의 안부를 묻고, 또 하루를 기쁨으로 보내길 축복하며 헤어진다. 이런 만남은 얼마든지 더 깊은 관계로 나아갈 수 있는 가능성을 가진다.

아들의 운동을 통해서도 만나는 가정이 여럿 있다. 아이가 운동하는 것을 지켜보는 두 시간 가까운 시간은 오롯이 상대방과 대화할 수 있는 시간이다. 오고 가는 대화를 통해 상대방에 대해 많은 정보를 얻을 수 있다. 얼마든지 하나님의 사랑을 여러 가지 방법을 통해 전할 수 있는 관계로 발전해 갈 수 있다.

한국에서는 일반적으로 아이가 학교를 다니기 시작하면 여러 가지 학원을 다니게 된다고 한다. 학원에는 선생님들도 있고 또래 아이들도 있다. 그 아이들 가운데에도 당신의 관심과 사랑이 필요한 아이가 존재할 수 있다. 선생님들과도 좋은 관계를 가질 수 있다.

당신이 관심을 가지기만 하면 얼마든지 당신의 사랑이 필요한, 아니 하나님의 사랑이 필요한 사람을 발견하게 된다. 당신이 마음을 열기만 하면. 그러니 내 주변에는 사람이 없다고 절대 말하지 말자.

사람이 그렇게 없다면 어떻게 종교 사기를 치는 이단이 그렇게 많은 사람에게 포교할 수 있단 말인가?

우리가 너무 안일한 태도와 마음으로 하나님의 소원에 무관심하지 않은지 스스로를 살펴보아야 한다.

넷째, 가족 관계라는 카테고리

이 세상에 그 누구도 혼자인 사람은 없다. 부모, 형제, 친인척이 없이 혼자 살아가는 사람은 거의 없다. 가장 가까운 가족 관계를 들여다보면 분명 아직 예수님을 믿지 않거나 신앙생활을 하지 않는 사람이 존재한다는 것을 알게 된다.

그렇다면 이제 그들 가운데 하나님의 사랑이 필요한 가족을 먼저 분류할 필요가 있다. 사실 이 방법이 전도 대상자 혹은 태신자를 찾는 가장 전통적이고 쉬운 방법이다.

우리의 복음은 우리가 살아가는 가장 가까운 곳인 예루살렘에서부터 전해져야 한다. 그 예루살렘은 물리적인 지역만을 의미하는 것이 아니다. 어찌 보면 우리 가족 구성원이 살아가는 장소가 예루살렘일 수 있다. 실제 혈육 관계에 있는 우리의 가족 중에 복음을 알지 못하거나 하나님의 사랑으로부터 멀어진 사람이 존재할 수 있다. 그가 바로 우리가 전도해야 할 대상자이다.

지금까지 가족끼리 소원해진 관계 속에 있었다면 복음을 위해서, 구원을 위해서 관계를 다시 이어야 한다. 복음이 원활하게 들어가기 위해 믿지 않는 가족을 태신자로 품고 기도를 심어야 한다.

절대 안 되는 사람은 없다. 절대 구원받지 못할 사람은 없다. 적어도 우리가 절대라는 말을 할 수 있는 위치에 있지 않음을 인정해야 한다. 주님의 사랑과 구원이 흘러 들어갈 수 있도록 우리가 찾고 찾아 태신자 리스트에 올려놓아야 한다.

우리는 위의 네 가지 카테고리만으로도 적지 않은 전도 대상자(태신자)를 발견하게 될 것이 분명하다. 그러나 이 방법만으로는 한계가 있다.

우리는 우리의 전도 대상자를 더 많이 발견하고 발굴하여 그들을 품고 그들을 위해 힘써야 하기 때문에 좀 더 적극적인 방법을 통해 사람을 찾을 수 있어야 한다.

교회적으로도 마찬가지이다. 전도는 기본적으로 성도 개개인이 하는 것이지만 교회적으로도 비슷한 방법을 통해 태신자를 발굴하여 성도에게 맡길 수 있다. 그런 의미에서 앞에서 말한 기본적인 카테고리에 입체적인 방법을 추가하여 더 많은 사람을 찾을 수 있다.

예를 들어, 교회에서 풀타임으로 목회하는 목사님의 경우 위에서 열거한 카테고리로 사람을 찾는 데 한계가 있을 수 있다. 직업이 직업이다 보니 만나는 모든 손님, 혹은 동료가 전부 교인이다. 이런 경우에는 직업을 통해서는 태신자 리스트를 작성할 수가 없다.

그런데 확장된 모델을 만들게 되면 얼마든지 추가로 태신자를 발굴할 수 있다. 목회자인데 기타를 조금 잘 친다고 가정해보자. 교회 안에서 찬양 인도를 할 정도라면, 기타를 가지고 얼마든지 확장된 모델을 만들 수가 있다.

자신이 거주하는 아파트에서 기타 무료 레슨을 하거나 혹은 기타 동호회를 조직할 수 있다. 꼭 자신의 거주지가 아니어도 교회에서 기타 무료 레슨과 같은 수업을 운영하면 교회 바깥 아이들을 자연스럽게 만날 수 있는 계기를 만들 수 있다.

이런 경우 1년에 한두 번 학생들과 음악 발표회를 하면서 부모들을 교회로 초청할 수도 있다. 이런 전도 모델은 개인과 교회가 함께할 수 있는 하이브리드형 전도 방법이 될 것이다. 아이들에게 기타를 무료로 지도하는 재능 기부의 모양이지만, 이 일을 통해 다른 부모들과도 접촉이 가능하게 되기 때문에 얼마든지 태신자 발굴이 가능하다.

운동을 하는 아들이 다른 아이들을 지도하게 되면서 나는 그곳에서 많은 학부모와 만날 수 있었고, 대화할 수 있는 시간을 가지게 되었다. 아침이면 커피를 사 들고 먹거리를 대접하기도 했다. 이 모든 것이 하나님의 사랑과 복음을 전하는 계기가 되었다.

혹자는 나에게 물을 수도 있다. 그래서 몇 명이나 교회로 전도했고 등록했느냐고. 계속 강조하는 것이지만 전도는 내가 출석하는 교회에 데려다 등록시키는 것만이 아니다. 복음을 전하고 하나님의 사랑을 표현하는 것이 바로 전도다.

이런 측면에서 내가 목회하며 섬기는 교회의 주일 출석 인원과 등록 인원을 가끔 묻는 분들이 있다. 그렇지만 〈FISH 전도법〉의 전도는 롱 텀 프로세스(long term process)이다. 그리고 하나님의 사랑과 복음을 전하는 일이 꼭 사람의 머릿수와 같은 결과치로 나오지 않을 수도 있다.

어떤 태신자는 4,5년을 넘게 교제하면서도 아직 복음을 받아들이지 못했다. 이런 경우가 있기 때문에 짧은 시간 안에 당신의 교회를 더 많은 사람으로 채우기 원해 〈FISH 전도법〉을 사용한다면 결과에 실망할 수도 있다.

『FISH 전도법』은 교회 건물에 사람을 데려다 놓는 획기적인 방법을 알려 주는 것이 아니라 진실로 살아 계신 하나님의 사랑과 구원하심을 전할 수 있는 기본적이고 현실적인 전략을 제시하는 책이다.

텐트 메이커

나는 목회를 하면서 동시에 회사를 다닌다. 전도사 시절 신학교를 다니면서 아는 지인의 소개로 아르바이트를 하게 되었다. 처음에는 한의원에서 일하는 줄 알고 갔다가, 한의원이나 카이로프랙틱 같은 대체의학을 다루는 의료원에 물품을 공급하는 회사라는 것을 알게 되었다. 너무나 생소한 분야였다.

그렇지만 가난한 전도사로 신학교 등록비와 생활비를 벌어야 했기에 열심히 일했다. 다른 전도사들이 수업 후 커피를 마시러 패스트푸드점에 간다고 할 때 함께 갈 수가 없었다.

내심 부러웠다. 함께 공부하는 동역자들과의 교제가 너무나 부러웠고 함께하지 못해 아쉬웠다.

나에게 신학교에서의 생활은 즐거움도 있었지만 한편으로는 가슴 아픈 기억도 많다. 아내가 식당에 일을 하러 가면 어린 꼬맹이 딸을 맡길 데가 여의치 않았다. 미국에서 아이를 맡길 때는 상당한 비용이 들기 때문이다.

그래서 어떤 날에는 딸아이를 신학교 수업에 데리고 다니기도 했다. 다행히 외국인 교수들이 한없는 자비와 사랑으로 가난한 신학생의 어려움을 이해해 줬다.

아이가 도서관을 뛰어다니다 사서에게 경고를 받기도 했다. 물론, 그 사서도 다른 학생들의 항의가 있었기에 부득불 나에게 전달했던 것이다. 수업 중 아이가 용변을 보게 되면 화장실에서 뒤처리를 해야 했다.

아무튼, 어려운 시절을 지나가기 위해 나는 한의원 물품을 판매하는 회사의 문을 두드렸다. 현재는 이 회사의 매니저가 되어서 그나마 목회와 글 쓰는 일에 많은 도움을 받고 있다.

내가 이 회사에 다니게 된 것이 얼마나 큰 하나님의 은혜인지 처음부터 알지는 못했다. 담임 목회와 영혼 구원에 전념하면서 이 회사를 통해 많은 사람을 도울 수 있는 좋은 방법이 있음을 깨닫게 되었다.

전도하겠다고 마음먹기 전 당신이 처한 상황이, 전도하기로 마음먹은 후의 상황과 전혀 다른 의미로 다가오는 것을 경험해 보았는가?

어제까지 똑같았던 환경인데 전도하기로 마음먹고 결단하니 직장도, 가정도, 교회도 다 다르게 보이기 시작했다.

나는 이 회사에서 알게 된 약재나 보약, 공진단과 같은 제품을 통해 많은 사람에게 도움을 줄 수 있다는 사실을 깨달았다. 교회를 개척하고서 주변에 몸이 아프거나 약한 사모님들과 성도들 또 태신자들에게 지속적으로 보약이나 약재를 통해 도움을 드리고 있다. 이런 친절과 섬김으로 몇 년간 꾸준하게 좋은 관계를 유지하고 있다.

♥ 텐트 메이킹하는 태신자들

내가 교회를 개척하겠다고 결단하게 만든 여자 집사님이 있다. 이분의 남편은 교회를 다니는 아내를 핍박하고 싫어했다. 그가 나의 태신자가 되니 여러 모로 신경이 쓰였다. 태신자의 몸이 피곤하고 아플 때 꾸준하게 도움을 드리려고 애썼다. 그런 수고를 기억하고 그의 마음이 조금씩 열리기 시작했다.

교회 개척 후 2년이 지나 그 남편이 아내 집사님과 함께 아침 일찍 예배에 참석하기 시작했다. 그리고 몇 주가 지나 그가 보혈 찬송을 따라 부르기 시작하는 감동적인 순간이 있었다. 그는 우리 교회의 첫 태신자로 비록 시간은 오래 걸렸지만 지속적인 사랑과 관심으로 인해 교회의 문턱을 넘어 복음을 듣기 시작했다. 믿음의 씨가 그 마음에 떨어지자 조금씩 마음이 열렸다.

  일식당을 경영하는 이 부부는 주일에 성도들에게 너무나 풍성하고 맛있는 초밥과 다양한 음식을 무료로 제공해 주고 있다. 목사로서 여러 번 만류하였지만 너무 좋아서 한다고 말하니 더 이상 거절할 수가 없다. 그러면서 더 많은 사람이 교회에 와서 자신들이 더 많은 음식으로 섬기고 싶다고 말하니 참 감사할 뿐이다.

  핍박하는 태신자에서 자신의 달란트를 통해 교회공동체를 섬기고 작지만 믿음의 성장을 위해 애쓰는 모습을 보면서 주변의 많은 분이 감동받고 있다.

  당신이 어떤 직업을 가졌는지, 어떤 직장에 다니는지 나는 알지 못한다. 그러나 분명한 것은 예수 생명의 복음을 전하기로 작정하고 태신자를 발굴하기 시작하면 분명 당신의 직장, 삶의 형편 등이 전도를 위한 최적의 베이스캠프가 될 수 있다는 사실이다. 이것을 믿기 바란다.

잘 노는 게 전도

취미 생활 혹은 좋아하는 운동이라는 카테고리에서도 입체적인 적용은 마찬가지로 가능하다. 당신을 즐겁게 만드는 취미 활동, 혹은 운동을 통해서도 얼마든지 태신자와 만날 수 있는 접촉점을 만들 수 있다.

예를 들어, 양초 만들기나 비누 만들기와 같은 취미 활동을 한다고 하면 같은 아파트 주민 혹은 주변에 알고 지내는 사람들과 함께 그룹을 만들 수 있다. 당신의 취미나 재능을 이용해 얼마든지 사람들을 만날 수 있고 그들을 통해 태신자를 발굴할 수도 있다. 교회에서도 이런 재능이나 취미를 가진 분을 중심으로 교회나 성도들의 가정에서 관련 이벤트를 만들어 갈 수 있다.

개척교회인 우리 교회는 실제 공진단 만들기와 같은 이벤트를 통해 믿지 않는 분들을 초대하여 저렴한 가격에 공진단을 구매할 수 있게 했다. 실제 공진단을 만들고 본인이 저렴한 가격으로 구매까지 할 수 있는 일석이조의 기회였다.

이런 이벤트는 교회에서 할 수도 있고 평소 자신이 품고 있던 태신자를 초대해서 진행할 수도 있다. 교회는 성도가 자체적으로 이런 이벤트를 진행할 수 있도록 모든 면에서 지원할 수 있어야 한다.

같은 맥락에서 운동과 같은 취미 활동도 동호회를 조직하여, 비슷한 나이대의 사람들과 함께 운동을 하면서 그 가운데에서 태신자를 발굴할 수도 있다.

만약 본인이 주도적으로 그룹을 만들고 무언가를 이끌어야 하는 위치에 서는 것이 두렵거나 앞에 나설 만한 특기가 없다고 여겨진다면, 오히려 교육이나 취미, 운동과 관련된 그룹을 찾아서 그 그룹에 가입을 하는 것도 좋은 방법이다. 평소 자신이 관심 있는 취미나 운동을 할 수 있는 동호회를 찾아보면 너무나 많이 있다.

자기가 좋아하고 관심 있는 그룹을 찾아서 회원이 되기만 하면 여러 종류의 사람을 만날 기회가 생기게 된다. 그때부터 사람들을 만나게 되고, 관계가 형성되고, 서로 알아 가면서 자연스럽게 복음을 전할 기회가 찾아오게 된다. 본인이 좋아하는 것을 하면서 동시에 많은 사람과 만나고 관계를 형성할 수 있으니 일석이조의 효과가 나타나게 되는 것이다.

전도는 얼마든지 즐겁고 기쁘게 할 수 있다. 억지로 떠밀려 내가 원하지 않는 방법으로 하는 게 아니라, 자신의 장기와 취미, 특기를 고려해서 기쁜 마음으로 할 수 있다.

나도 근처에 있는 가죽공예반에 등록을 하여 가죽공예를 배우며 다른 분들을 만날 수 있는 기회를 만들었다. 가죽공예를 통해 다른 사람들(태신자)에게 선물도 할 수 있고, 그곳에서 만나는 사람들과도 관계를 형성할 수 있는 일석이조의 효과를 경험해 보았다.

이런 식으로 결단하고 의지만 있으면 얼마든지 사람을 만날 수 있고 복음을 전할 수 있다. 이 일을 할 수 있도록 고안한 것이 바로 〈FISH 전도법〉이다.

앞에서 설명한 여러 방법을 통해 아직 믿음이 없거나 하나님의 사랑을 알지 못하는 사람들을 발견했다면, 이제 그들의 이름을 리스트 업(list up) 해 나가면 된다. 우리가 태신자 리스트라고 부르는 것을 만들면 되는 것이다. 〈FISH 전도법〉에서는 태신자들을 리스트화하는 과정을 가장 중요하게 여긴다. 실제 전도를 하겠다고 작정하고 전도해야 할 사람들을 리스트화하지 않으면 작심삼일이 되거나 흐지부지 끝나게 되는 경우를 많이 보게 된다.

교회와 목회자는 성도가 이 태신자 리스트를 잘 관리할 수 있도록 돕고 기도하며 함께 관리해 주어야 한다. 태신자 리스트에 기본적으로 이름이 기록되었다면 무엇보다 그들의 이름을 보면서 매일 기도를 심어야 한다. 기도 없이 영혼 구원은 이루어지지 않는다. 기도 없이 영혼 구원을 위한 능력은 일어나지 않는다.

사단 마귀도 태신자가 주님의 편으로 넘어가지 않도록 우리만큼이나 애쓰고 힘쓰고 있다. 더 나아가 우리는 태신자들의 정보와 그들의 근황을 일일이 적어, 어떻게 기도하며 섬겨 나갈 수 있을지를 꼼꼼하게 기록해 두어야 한다.

태신자 리스트

우리 주변에는 자동차 판매왕이나 보험왕의 이야기를 기록한 다큐멘터리가 많이 있다. 그들은 자신의 고객 리스트를 꼼꼼하게 작성하고 그 리스트를 관리한다. 그들은 그들의 고객의 많은 정보와 내용을 자신들의 일마냥 잘 기억하고 있다. 그 정도의 부지런함과 성실함 없이 자신이 판매하는 상품을 소개할 수 없다.

전도도 많은 경우 다르지 않다. 우리는 복음이라는 최상품을 소개하는 책임과 의무를 가지고 있다. 이를 위해, 이 상품이 필요한 사람들의 이름과 정보를 잘 관리할 필요가 있다.

자동차를 파는 사람도 잠정 고객의 생일, 기념일, 직업, 성격, 가치관, 취미 생활 등 엄청난 정보를 관리하는데, 하물며 태신자를 위해서는 어떻게 해야 하겠는가?

우리 주변에 사람이 없는 게 아니고, 우리가 전도할 마음이 처음부터 없기 때문에 보이지 않는 것은 아닐까?

전도는 특정한 사람만이 감당하는 것이고 나는 그 일과는 관계없는 사람이라고 철석같이 믿는 것은 아닌가?
전도는 너무나 부담스럽고 불편한 일이라 지레짐작하고 엄두도 내지 못하고 있지는 않는가?

낚시꾼을 상상해 보라. 그들은 낚시하겠다는 일념으로 바다나 호숫가로 달려 나간다. 싫은데 억지로 나가는 사람은 거의 없다.

〈FISH 전도법〉은 이런 낚시꾼처럼 각자가 기쁘고 즐겁게 전도의 현장으로 뛰어나갈 수 있는 방법과 분야를 찾을 수 있도록 돕는 전도법이다. 남들이 이렇게 하니까, 교회가 저렇게 하라고 하니까 하는 것이 아니라 당신이 주체가 되어, 당신이 스스로 동기를 가지고 즐겁게 감사함으로 전도할 수 있는 방법을 찾을 수 있도록 돕는 전도법이다.

위에서 소개한 방법 외에도 얼마든지 다른 방법이 존재할 수 있다. 각자의 형편과 달란트와 은사를 따라 사람들을 만나고 태신자를 발굴할 수 있는 여러 모양의 방법이 존재한다. 각자의 형편에 맞게 당신에게 맡기신 영혼을 찾고 찾으면 반드시 만나게 된다. 한 영혼, 한 영혼을 귀하게 여기며 그들의 이름을 생명책에 기록한다는 마음으로 각자의 리스트에 올릴 수 있기를 바란다.

실제로 나는 이런 방법으로 태신자를 80명 넘게 섬기고 있다. 이 태신자들이 다 교회 건물로 오는 것은 분명 아니다. 그러나 몇 년이 걸려서라도 조금씩 그들에게 예수님의 사랑을 각인할 수 있기에 감사하며 울며 복음의 씨를 뿌리고 있다. 반드시 기쁨으로 거둘 영혼의 열매가 있음을 믿는다.

조금 극단적인 이야기지만 지금 당신 마음에 영혼 구원을 위해 기도하고 있는 태신자 리스트가 없다면 부끄러움을 느껴야 한다.

만약 당신이 목회자이거나 오래 교회를 다닌 신앙인이라면 반드시 살려야 할 영혼의 이름이 적힌 영혼 구원의 리스트가 반드시 있어야 한다.

이 영혼 구원의 리스트를 목회자와 성도들끼리 소그룹을 만들어 서로 나누며 함께 기도하는 것이 얼마나 우리 모두의 가슴을 뛰게 하겠는가?

부부가 함께 영혼 구원 리스트를 만들고 같이 기도함으로 기도의 씨를 뿌리는 것을 실천해 보라. 각 가정에서, 각 교회에서 이러한 영혼 구원의 리스트를 품고 기도할 때 가정과 교회의 분위기가 달라질 것이다. 기도의 내용이 달라질 것이다. 기도의 온도가 달라질 것이다.

태신자 리스트야말로 불특정 다수의 전도 대상자를 특정 소수화 시킨 결과물이다.

가슴에 품고 있는 태신자 리스트가 없는데 어찌 스스로를 예수님의 제자라고 말할 수 있겠는가?

감히 제자와 팬의 기준을 태신자 리스트의 유무에 있다고 말하면 지나칠까?

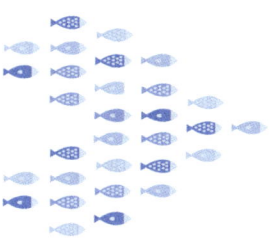

제4장

뭐하노, 퍼뜩 데코온나!
INVITE THE PEOPLE

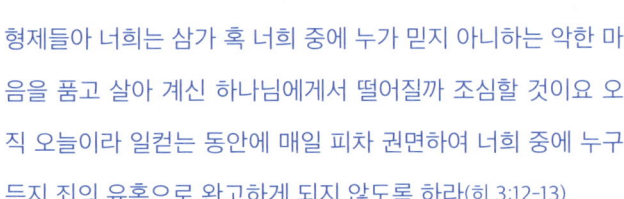

> 형제들아 너희는 삼가 혹 너희 중에 누가 믿지 아니하는 악한 마음을 품고 살아 계신 하나님에게서 떨어질까 조심할 것이요 오직 오늘이라 일컫는 동안에 매일 피차 권면하여 너희 중에 누구든지 죄의 유혹으로 완고하게 되지 않도록 하라(히 3:12-13).

전도를 위해 주변에 복음이 필요한 사람들의 이름을 리스트화했다면 이제는 그들에게 어떻게 하나님의 사랑과 복음을 전할지 연구해야 한다. 영혼 구원 리스트를 작성했다면 무엇보다 전도하고자 하는 당신을 리스트에 작성한 태신자에게 소개하는 것부터 시작해야 한다.

전도의 시작은 전도 대상자(태신자)가 당신이 누구인지 아는 것부터다. 자신을 소개한다는 것이 갖는 의미는 상당하다.

오늘날 최첨단의 시대를 살아가면서 무언가를 소개하고 소개받는 일이 너무나 자연스럽고 일상이 되어 버렸기 때문이다. 보험 상품이나 자동차 구매도 마찬가지이다. 모든 상품은 누군가에 의해 소개되고, 그 후에 적절한 판매가 이루어진다. 전도에 있어서도 복음이라는 상품을 소개하는 사람이 참 중요하다.

전도는 홍보다!

일반적으로 상업적인 상품을 소개하는 것을 광고라고 한다. 상품 하나가 세상에 알려지고 많은 사람의 입에서 입으로, 텍스트와 소셜 미디어를 통해 소개되는 일은 너무나 자연스러운 일이 되었다.

비즈니스에서는 상품이 70퍼센트, 마케팅이 30퍼센트라고 한다. 상품 본연의 역할이 상당히 크지만, 그 상품을 효과적으로 알리기 위해서는 적지 않은 노력과 기술, 전략이 필요하다.

이런 측면에서 오늘날 교회와 목회자, 성도가 아무 생각 없이 그냥 저절로 전도가 되겠지 생각하는 것은 시대 흐름을 캐치하지 못하는 안타까운 상황이라 할 수 있다. 전도를 하려고 해도 먼저 마케팅 단계가 필요한데, 이 단계에서 가장 중요한 것은 복음을 전하려고 하는 사람, 바로 당신이다. 이 사람을 다른 말로 하면 복음을 전달하는 메신저, 딜리버, 스피커라고 부를 수 있겠다.

복음을 전하고 하나님의 사랑을 전하는 메신저 된 당신이 정말로 중요하다. 〈FISH 전도법〉에서는 이 메신저와 스피커의 역할을 바로 구원받은 성도, 구원의 확신이 있는 성도, 그리고 제자 된 성도가 감당해야 한다고 강조한다.

전도의 시작과 끝은 사람이다. 사람이 가장 중요하다. 복음을 전하는 메신저가 중요하고, 그 메신저를 통해 구원받아야 할 태신자가 너무나 중요하다.

우리가 바로 전도를 위한 가장 기본적이고 효율적인 상품이고 도구임을 깨닫고 믿어야 한다. 복음이라는 상품을 소개하는 사람과 소개받는 사람의 관계가 너무나 중요하다.

복음서에서도 예수님을 소개하고 복음과 하나님의 나라를 알려 주는 일련의 사건을 볼 때 이러한 관계가 형성되었음을 알 수 있다. 많은 경우 사람과 사람이 연결되어 예수님에게로 나아왔고 예수님의 복음을 듣고 깨닫게 되었다. 그들 가운데에는 이미 혈연 관계이거나 친한 친구 혹은 같은 업종에서 일하는 동료라는 관계가 형성되어 있었다.

> 요한의 말을 듣고 예수를 따르는 두 사람 중의 하나는 시몬 베드로의 형제 안드레라 그가 먼저 자기의 형제 시몬을 찾아 말하되 우리가 메시야를 만났다 하고 (메시야는 번역하면 그리스도라) 데리고 예수께로 오니 예수께서 보시고 이르시되 네가 요한의 아들 시몬이니 장차 게바라 하리라 하시니라(요 1:40-42).

우리가 잘 아는 사도 베드로는 동생 안드레와 함께 어부로서 살아가고 있었다. 둘은 형제였고 경제공동체를 이루고 있었다. 동생 요한도 형 야고보를 예수님에게로 인도했다. 빌립은 베드로와 안드레와 한 동네에 살았다. 베드로와 안드레와 동종 업계에서 일하던 사람이었다. 이처럼 이들의 관계는 친밀했고 실타래처럼 얽혀 있었다.

홍보의 핵심은 관계

같은 직종에 있던 베드로와 안드레로부터 예수님에 대해 전해 들었던 빌립은 어떻게 전도했을까?

> 빌립이 나다나엘을 찾아 이르되 모세가 율법에 기록하였고 여러 선지자가 기록한 그이를 우리가 만났으니 요셉의 아들 나사

렛 예수니라 나다나엘이 이르되 나사렛에서 무슨 선한 것이 날 수 있느냐 빌립이 이르되 와서 보라 하니라(요 1:45-46).

　예수님의 제자들이 하나둘 모여드는 것을 보면, 무엇보다 아주 가까운 관계에 있는 사람들이 꼬리에 꼬리를 물고 예수님께 나아왔음을 알 수 있다. 그들은 가장 가까운 사람들로부터 관계를 맺고 서로 신뢰의 관계를 통해 예수님을 알게 되었다. 이것이 바로 전도의 점진성이다.

　전도는 내 삶 속에 관계 맺고 있는 가장 가까운 사람들로부터 시작된다. 그리고 그 사람들에게 전도하는 내가 누구인지 신뢰를 쌓아 가면서 시작된다. 나로부터 가장 가까운 관계에 있는 사람들로 점진적으로 퍼져 나가는 것이 〈FISH 전도법〉의 핵심이라 말할 수 있다.

　우리가 누구와 가장 가까운 관계라고 말할 때, 그 사람은 보통 나 자신에 대해 잘 아는 사람이다. 대개 가족 관계, 친구 관계가 가장 가까운 관계라고 할 수 있다.

　복음이 전해지는 데 있어 이 관계라는 것이 참으로 중요하다. 사람과 사람 사이에 적절한 관계가 형성되지 못하면, 복음이 아니라 그 어떤 것도 전해지기가 쉽지 않다.

　이 가까운 관계를 다른 말로 하면 '신뢰'라고 할 수 있다. 이 신뢰가 전도에 있어서 참 중요하다. 전도뿐 아니라 삶을 살아

가면서 신뢰는 너무나도 중요한 것이다. 마케팅에서 판매자와 고객과의 신뢰가 형성되지 않으면 결코 고객으로부터 구매력을 이끌어 낼 수 없다.

의사와 환자의 관계에서도 이 신뢰가 없으면, 환자가 의사의 진단과 치료 과정에 참여할 수가 없고 치료의 효과도 더딜 수밖에 없다.

이미 가장 가까운 관계가 형성된 사람에게 전도를 한다면 그나마 관계를 통한 신뢰가 있어 좀 더 쉽게, 효과적으로 복음을 제시할 수 있다. 그러나 아직 가까운 관계가 형성되지 못해 신뢰가 없는 사람을 전도하기 위해서는 신뢰를 구축할 수 있는 방법을 써야 효과적으로 전도할 수 있다.

신뢰를 구축하여 가까운 관계를 형성하고 종국에는 복음을 전할 수 있는 기회를 만들기 위해 가장 간단하고 실제적인 방법을 제시한다.

가정 오픈하기

믿음이 없는 사람, 아직 하나님의 사랑을 경험하지 못한 우리의 태신자와 신뢰 관계를 맺기 위해서는 무엇보다 당신의 보금자리를 오픈하는 작업이 필요하다. 누구에게나 집, 가정은 참 중요한 장소다. 사기꾼은 공통적으로 자신의 진짜 모습, 공간은 절대 노출하지 않는다. 그 이유는 자신의 집과 가정이야말로 그 사람을 제대로 알 수 있는 공간이기 때문이다.

우리는 함부로 자신의 집을 개방하지 않는다. 자신이 싫어하거나 미워하는 사람을 자신의 가정으로 초대하는 경우는 거의 없다. 그만큼 가정은 자신의 모든 것을 보여 주는 공간이기 때문이다.

어떤 사람을 알아 가는 데 있어, 그 사람의 집 혹은 가정을 방문하게 되면 많은 경우 짧은 시간 안에 많은 정보를 알게 된다. 예를 들어, 가족 관계, 그 사람의 가정 형편, 라이프 스타일 등등 아주 많은 정보를 그 사람의 가정을 통해 알게 된다.

전도자의 입장에서는 비그리스도인에게 짧은 시간 전도자 자신을 소개하고 관계를 형성하여 신뢰를 쌓는 데 있어 가정을 오픈하는 것보다 더 좋은 방법을 찾기가 쉽지 않다.

초대 교회 시절에도 가정은 복음 전도에 너무나 중요한 역할을 감당했었다. 복음적으로 가정은 거의 교회와 동격인 베이스캠프와 같은 장소였다.

> 그들이 날마다 성전에 있든지 집에 있든지 예수는 그리스도라고 가르치기와 전도하기를 그치지 아니하니라(행 5:42).

이처럼 전도에 있어 가정은 너무나 중요한 역할을 감당할 수 있는 곳이다. 오늘날 가정은 교회와 달리 믿음이 없는 사람과 효과적으로 관계를 형성할 수 있는 적절한 곳이다. 믿음이 없는 사람의 입장에선 교회라는 장소가 낯선 곳이기 때문이다.

만약 교회에 대한 부정적인 이미지를 가진 사람이라면 더욱 교회로 초대하기가 힘들 것이다. 하지만 믿음이 없는 사람의 입장에선 교회에 대해서는 알고 싶지 않지만 당신에 대해서는 개인적인 관심을 가질 수도 있다.

그렇기 때문에 우리는 전도를 위해 우리의 가정을 기꺼이 오픈해서 좋은 관계를 형성해 가야 한다.

영혼 구원을 위한 재테크

한국도 마찬가지이겠지만 미국에서도 집을 구매하는 것이 참 쉽지 않다. 많은 경우 좋은 직장이 있거나 어느 정도는 수입이 있어야 주택을 마련하게 된다. 많은 성도가 자기 집을 마련하고자 기도 제목을 가지고 열심히 기도한다. 이런 분들의 마음을 많이 이해한다. 나도 미국에서 20년이 넘게 아파트 생활을 하고 있다.

한국이든 미국이든 주택을 구매하면 물가 상승에 맞물려 꾸준하게 집값이 오른다. 돌려받지 못하는 아파트 월세로 지금까지 지출한 돈을 생각하면, 만약 작은 집이라도 예전에 구입해 놨더라면 그 주택으로 인해 생겼을 수익이 생각나 가끔 눈앞에 아른거리기도 한다.

그런데 한 가지만 묻고 싶다.

집을 구입해서 뭐 하시려고?

물론, 답은 거의 비슷하다. 잘살려고. 맞다. 잘살려고 집도 사는 것이다.

그런데 잘사는 것이 무엇인가?

좋은 차, 좋은 집, 좋은 직장, 좋은 취미 등등 이 모든 것이 왜 필요할까?

나는 그것들이 영혼 구원을 위해서 필요하다면 다 가지고 누리기를 축복한다. 〈FISH 전도법〉에서는 집이 중요하다고 계속 강조한다. 영혼 구원, 전도 때문이다. 그렇다고 화려하고 비싼 주택을 구입해야 한다는 의미가 아니다. 비록 작고 초라한 공간이라도 우리는 사람을 초대할 수 있다.

아무리 크고 화려한 장식과 비싼 가구들이 즐비하다고 해도 그 공간이 오직 당신과 당신의 가족만을 위한 공간이라면 하나님의 시선에서 어느 정도 가치가 있을까?

〈FISH 전도법〉은 당신이 가장 기쁘고 즐겁게 사람을 살리고 영혼을 구할 수 있는 방법을 제시하고자 한다. 당신이 어느 규모의 집을 가지고 있든 당신의 형편에 맞게 태신자들을 초대할 수 있다.

나는 집에 태신자들을 초대하기 위해 식탁을 바꾼 적이 있다. 어느 정도 크기의 식탁을 구매해야 좋을까를 한참 고민했다.

우리가 주택을 위해 기도해야 한다면 이 정도 의미와 가치를 품고 기도해야 하지 않을까?

하나님 나라의 확장과 잃어버린 영혼을 초대하기 위해 집을 달라는 기도는 적어도 하나님 앞에 부끄럽지 않지 않을까?

다시 말하지만 가정은 참 많은 일이 일어나고 또 복음적인 일이 일어날 수 있는 공간이다. 바로 가정이 교회이고, 교회가 가정인 것이다. 이 개념을 분명하게 가져야 한다.

가정이 당신의 가족만을 위한 공간을 넘어 많은 영혼을 살릴 수 있는 영적 병원이요, 천국이 될 수 있다. 그만큼 우리의 가정이 중요하고 중요하다.

예수님도 하나님의 나라와 초청, 전도에 관련해 말씀하시면서 가정을 배경으로 한 예를 드셨다.

> 이르시되 어떤 사람이 큰 잔치를 베풀고 많은 사람을 청하였더니 잔치할 시각에 그 청하였던 자들에게 종을 보내어 이르되 오소서 모든 것이 준비되었나이다 하매 … 주인이 종에게 이르되 길과 산울타리 가로 나가서 사람을 강권하여 데려다가 내 집을 채우라(눅 14:16-23).

〈FISH 전도법〉 첫 단계인 'Find the people'을 통해 사람을 찾았다면, 이제는 당신의 집을 오픈하여 사람을 초대해야 한다.

만약 당신의 집이 사람을 초대할 만한 상황이 못 된다면 차분한 분위기 속에서 대화하면서 서로를 알아 갈 수 있는 장소를 선택해 만날 수도 있다.

나도 많은 경우 태신자를 카페나 식당과 같은 장소에서 만난다. 꼭 가정이 아니어도 편안한 장소에서 편안하게 대화할 수 있다면 좋다. 핵심은 즐겁고 기쁘게 대화하며 신뢰를 쌓아 나갈 수 있는 시간과 공간이 필요하다는 것이다.

만약 당신의 가정에 태신자를 초대했다면 그 태신자로 하여금 자신이 소중한 존재로 대접받고 있다는 생각이 들 수 있도록 잘 준비하면 된다.

🍷 식탁 교제

전도자인 당신 스스로를 소개하는 데 있어 가장 중요한 장소가 가정이라고 한다면, 이제 당신이 신경 써야 할 것은 바로 식탁 교제이다. 무엇보다 태신자와 함께 잘 먹어야 한다. 사람과 사람이 신뢰가 쌓이기 위해서는 무엇보다 식탁 교제가 필요하다.

나는 전도사 시절부터 선배 목회자로부터 마음을 열기 위해서는 입을 열어야 한다는 말을 자주 들었다. 실제 목회에서도 틀리지 않는 것 같다. 그래서 할 수만 있다면 나는 식사를 대접하려고 힘쓴다.

가끔 목회자로부터 식사를 대접받아 본 기억이 없다고 말하는 기존 성도들을 만나게 된다. 중요한 것을 잃어버린 것이다. 물론, 경제적인 어려움 때문에 남들 하는 만큼 대접할 수 없을 수도 있다. 그렇지만 다른 사람으로 하여금 당신은 대접받기를 즐겨 하고 대접하지 않는 사람이라는 인식을 갖게 했다면 스스로를 살펴보아야 한다.

영혼 구원을 위해 당신이 지갑을 연다고 하면 하나님께서 가만히 계시겠는가?

당신은 진심으로 당신으로 하여금 대접하며 섬길 힘과 능력을 공급해 주실 하나님을 믿는가?

믿는다면 바로 계획을 세우자. 초대하자. 만나자. 대접하자. 나누자. 천국 잔치를 바로 당신 앞에 펼치자.

나는 제자들의 결혼 주례를 맡은 적이 몇 번 있었다. 미국에서의 결혼은 대부분 웨딩플래너에 의해 설계된다. 웨딩플래너는 예식에 필요한 모든 것을 꼼꼼하게 점검하고 진행해 나간다. 심지어, 주례자의 동선까지도 정하고 확인해 준다. 하객이 불편함 없이 예식을 즐길 수 있도록 작은 것 하나에도 신경 쓴다.

나는 한 가정의 시작을 위해 엄청난 열정과 수고로 일하는 웨딩플래너를 보면서 오늘날 신랑 되신 예수님과 신부를 연결할 책임이 있는 우리의 태도를 생각하게 된다. 어쩌면 많은 성도가 하객이 되어 즐길 생각만 하고 있지 않은가 생각해 본다. 편하게 뒷짐 지고 결혼식에 공짜로 참여하려는 하객이 많으면 많을수록 그만큼 결혼식은 줄어들게 될 것이다.

우리는 일어나야 한다. 깨어야 한다. 그리고 웨딩플래너처럼 열정을 가지고 수고해야 한다. 섬겨야 한다. 신부를 섬기고, 신랑을 섬기고, 하객도 섬겨야 한다.

이 책을 읽는 목회자가 있다면 우리부터 예수님의 마음으로 다른 성도들을 섬겨야 한다. 다양한 방법으로 섬길 수 있겠지만 믿는 성도든 믿음이 없는 태신자든 우리가 먼저 본을 보여 섬겨야 한다. 대접해야 한다.

〈FISH 전도법〉에서는 이 식탁 교제를 너무나 중요하게 생각한다. 우리 각자가 생활하는 삶의 바운더리 안에서 무조건적으로 만나자는 것이다. 떡을 떼자는 것이다. 이 기쁨을 성도들이 회복하기만 하면 천국 잔치가 우리의 삶 속에서 배설된다. 식탁의 교제를 통해 서로를 알아 가게 된다. 꼭 무거운 주제로 대화할 필요도 없다. 그저 삶에서 일어나는 가벼운 이야기부터 서로를 알아 갈 수 있는 어떠한 주제도 좋다. 떡을 나누며 서로를 알아 가면 된다.

내가 사는 남가주의 삶을 보면 다들 얼마나 바쁘게 살아가는지 모른다. 아마 한국에서의 삶도 이와 많이 다르지 않을 것이다. 그럼에도 가장 가치 있는 영혼 구하는 일을 위해서는 만남이 필요하다. 만나야 하고, 먹어야 한다.

바쁜 삶 속에서도 다른 가정의 초대를 받아 섬김을 받고 대접을 받는다는 것이 태신자의 입장에선 얼마나 큰 기쁨이겠는가?

자신을 귀하게 여기고 대접해 주는 당신에게 조금씩 마음이 열리기 시작할 것이다. 식탁 교제에서 부담스럽지 않은 선물을 전하는 것도 좋다. 태신자의 가정에 자녀가 있다면 조그만 선물도 서로의 관계를 돈독하게 하는 좋은 도구가 될 수 있다. 가정에서 유용하게 쓸 수 있는 것을 나누는 것이 얼마나 효과 있는지 한번 해 보기를 권한다.

예수님은 머리 둘 곳도 없으셨기 때문에 그분 자신의 집으로는 사람을 초대하실 수 없었다. 그렇지만 예수님은 제3의 장소를 선택해 많은 사람과 만나셨다.

식탁 전도의 모델은 예수님

> 또 지나가시다가 알패오의 아들 레위가 세관에 앉아 있는 것을 보시고 그에게 이르시되 나를 따르라 하시니 일어나 따르니라 그의 집에 앉아 잡수실 때에 많은 세리와 죄인들이 예수와 그의 제자들과 함께 앉았으니 이는 그러한 사람들이 많이 있어서 예수를 따름이러라(막 2:14-15).

예수님은 식탁 교제를 통해 떡과 잔을 나누셨다. 예수님은 식탁 교제를 통해 자연스럽게 하나님 나라와 복음을 나누어 주셨다. 이것이 모든 믿는 자의 영혼 구원의 모델이 된다.

우리도 예수님처럼 하나님의 나라가 필요한 자들에게 식탁 교제를 통해 복음을 나눌 수 있다. 우리도 우리의 가정에서 음식과 음료를 나누며 하나님의 나라와 복음을 전할 수 있다. 식탁 교제를 통해 예수님의 사랑을 표현할 수 있고 하나님의 사랑을 전해 줄 수 있다.

너무 처음부터 천국에 관해 하나님에 관해 전하려고 무리수를 두지 마라. 어차피 태신자는 당신의 친절함과 섬김과 격려를 통해 당신에 대해 조금씩 알아 갈 것이다. 조급해하지 말고 그저 예수님의 사랑으로 섬기라. 낚시꾼들은 절대 조급함으로 낚싯대를 만지작거리지 않는다. 관계를 형성하기도 전에 성급하게 당신의 믿음과 신앙을 자랑하거나 강조하지 마라.

태신자에게 당신이 베푸는 따뜻한 식탁과 위로와 격려는 하나님의 사랑을 전하기에 충분한 것이다. 식탁 교제를 통해 당신이 받았던 하나님의 사랑을 전할 수 있다. 이것이 전도다. 이렇게 해서 복음을 전하는 것이 전도다. 사랑을 나누는 것이 전도다.

제발 교회 건물로 데려다 놓는 것이 전도라는 개념을 내려놓기 바란다. 이 개념을 포기하지 않으면, 결국 식탁 교제의 결말은 교회 등록으로 마무리되어야 한다. 그렇게 되면 태신자를 초대해 식탁 교제 한 이유는 뻔해진다. 교회 건물에 데려가기 위해 초대한 것밖에 다른 이유는 없는 것이다. 이런 식이면 태신자가 교회에 나오기 전에는 우리가 전도한 게 아닌 게 되는 이상한 상황이 벌어진다.

누가 교회 건물에 데려와 등록시키지 않으면 전도가 아니라고 했는가?

성경 어디에도 그런 말씀은 없다. 오히려 성경에 나타난 예수님의 모습을 볼 때, 전도는 바로 가정에서 식탁의 교제를 통해 하나님의 사랑와 그분의 임하실 나라를 나누는 것으로부터 시작된다. 가정에서 먹고 마시는 일이 복음의 확장성이라는 관점에서 볼 때 얼마나 중요한 것인지 복음이신 예수님의 말씀을 통해서도 알 수 있다.

> 예수께서 이르시되 나는 생명의 떡이니 내게 오는 자는 결코 주리지 아니할 터이요 나를 믿는 자는 영원히 목마르지 아니하리라(요 6:35).

생명의 떡이 되시며 영원히 목마름이 없는 생수 되시는 예수 그리스도, 이 예수 그리스도를 전하는 첫걸음이 바로 함께 나누는 식탁의 교제다. 아직 예수 그리스도를 알지 못하는 태신자를 가정으로 초대하면, 예수님 안에서 한 형제가 되고 한 자매가 되는 너무나 거룩하고 존귀한 사건이 시작된다.

전도를 결코 어렵게 생각하지 않기를 바란다. 태신자는 그저 주변에서 힘들게 살아가는 이웃도 좋고, 하늘 소망이 없는 친구나 거래처 직원이 될 수도 있다. 옆집 누구누구의 엄마나 아빠일 수도 있다. 미용실에서 머리 다듬어 주는 미용사가 될 수도 있고, 빵집 아르바이트 직원이 될 수도 있다.

만나자. 초대하자. 그리고 나누자. 이 식탁 교제의 섬김을 통해 우리는 세상에서 가장 가치 있는 영혼을 살릴 수 있다.

당신이 만약 선교사로 타국에 들어갔다고 상상해 보면 당신은 무엇부터 하겠는가?

주변을 살피고 환경을 연구하고 인구를 조사하는 등 할 수 있는 이론적인 활동을 먼저 할 것이다.

그다음 어떻게 전략적으로 접근하겠는가?

결국은 만나야 한다. 만난 사람과 교제해야 한다. 교제에 있어 가장 효율적인 방법은 먹는 일이다. 가족도 서로 만나지 않고 함께 식사하지 않으면 점점 멀어져 간다. 식구(食口)의 사전적 의미를 살펴봐도 먹는 일을 함께하는 사람이라는 표현이 나온다. 가족이 되려면 함께 먹어야 한다. 먹는 자리에 함께하지 않고서는 천국을 보여 줄 방법이 그리 많지 않다. 하나님 안에서 한 형제, 자매, 가족이 되려면 먹어야 한다. 함께 식탁 자리에 앉는 것이 진심으로 중요하다.

에베소서 1장 5절 말씀의 영어 성경을 의역하면 이렇다.

> 하나님께서는 예수 그리스도를 통해 우리를 데려오심으로써 우리를 그분 자신의 가족으로 입양시키기로 미리 결정하셨습니다. 이 일은 그분이 하고 싶으셨던 일이고, 그것은 그분께 큰 즐거움을 주었습니다(엡 1:5).

나와 당신도 예수 그리스도를 통해 하나님의 가족으로, 자녀로 입양되었다. 생명의 떡 되신 주님을 나눠 먹음으로 우리가 진정한 주님의 자녀가 된 것이다.

이제 우리를 가족으로, 자녀로 삼으신 주님이 자녀 된 우리를 통해 다른 사람들을 입양하기 원하신다. 이미 입양되어 가족 된 우리에게 아버지가 없어 고아 된 사람들을 초대하라고 권면하고 계신다.

우리가 우리 주변의 믿지 않는 태신자들을 가정으로 초대해 그들과 함께 떡을 떼며 사랑을 전하고 나눌 때 하나님 아버지께서 얼마나 기뻐하실까?

종말에 천국에서 벌어질 천국 잔치를 지금 믿는 자들이 가정에서 펼치고 있을 때 아버지 하나님은 뛸 듯 기뻐하고 계실 것이다. 하나님의 기쁨이 우리의 기쁨이 되고, 우리의 기쁨이 또 다른 믿지 않는 영혼에게 전해지도록 적극적으로 태신자를 초대하여 식탁의 교제를 나누자.

당신이 많은 말을 하지 않는다 할지라도 그 식탁의 교제를 하나님께서 이끌어 나가실 것이다. 별말 하지 않았다 해서 결코 가치 없는 시간이 아님을 믿기 바란다. 하나님을 사랑하고 영혼을 귀하게 여기는 당신의 마음은 반드시, 반드시 전해질 것이다.

영혼을 입양하자. 하나님의 사랑을 알지 못해 집 나간 어린 양들을 하나님께 입양시키자. 이 일이 하나님께서 천하보다 더 귀하게 여기시는 일이다. 이 존귀한 일을 위해 믿음이 있는 우리가 부르심을 받았다.

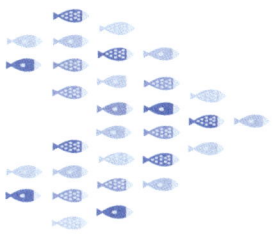

제5장

까리한 인카네이터!
SHARING THE LIFE

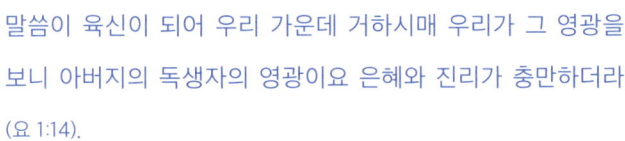

> 말씀이 육신이 되어 우리 가운데 거하시매 우리가 그 영광을 보니 아버지의 독생자의 영광이요 은혜와 진리가 충만하더라 (요 1:14).

사실 빛을 보기 전에는 어둠이 어둠인지 모른다. 빛이 있기 때문에 어둠이 어둠의 존재를 알게 되는 것이다.

죄인인 우리도 선이신 하나님을 알기 전에는 죄도, 죄인 된 자신도 깨닫지 못하고 살아간다. 이것이 죄인에게는 가장 안타까운 일이다. 자신이 죄인인지조차 생각지 못하고 살다가 종말을 맞이한다는 것만큼 안타까운 일은 없을 것이다.

예수님은 죄인으로 살다가 죄로 인해 영원히 죽을 수밖에 없는 우리를 위해 이 땅에 친히 오셨다. 예수님이 이 땅에 죄인 된 우리를 구원하러 오신 것처럼 우리도 믿음이 없는 태신자들에게 찾아가야 한다. 그들을 살려야 한다. 어둠과 죽음의 권세로부터 구원해야 한다.

하나님이신 주님이 이 땅에 오신다는 것 자체가 얼마나 어렵고 힘든 사건인지 성경은 이렇게 기록하고 있다.

> 그는 근본 하나님의 본체시나 하나님과 동등됨을 취할 것으로 여기지 아니하시고 오히려 자기를 비워 종의 형체를 가지사 사람들과 같이 되셨고(빌 2:6-7).

인카네이션(INCARNATION)

예수님이 하나님과 동등됨을 취하지 않으시고 이 땅에 오신 사건을 '인카네이션'이라고 하는데, 성육신하셨다는 말씀이다. 하늘 보좌를 버리고 육신을 입는다는 것이 얼마나 어려운 일인지 자기를 비우지 않고서는 결코 가능하지 않은 행위이다.

〈FISH 전도법〉을 통해 사람을 찾고 그에게 당신 자신을 소개하고 초대하는 일련의 과정을 반복하면, 이 과정을 통해 당신은 당신의 태신자와 신뢰를 구축하고 좋은 관계를 형성하게 된다. 심리학에서는 '안전 기지'(secure base)라는 것이 사람에게 중요하다고 한다. 이 안전 기지는 우리가 믿고 의지할 수 있는 사람이나 장소를 의미한다. 상대방과 내가 서로에게 안전 기지가 되면 마음을 열고 마음속 깊은 감정을 함께 나눌 수 있다. 당신과 태신자 사이에 신뢰가 형성되면 그때부터 구체적으로 복음을 전할 수 있게 된다.

만약 아직까지 태신자와 이와 같은 단계에까지 이르지 않았다 할지라도 실망할 필요는 없다. 〈FISH 전도법〉의 장점은 모든 단계를 동시에 한다고 해도 전혀 이상할 것이 없고 문제가 되지 않는다는 점이다. 모든 단계의 목표가 태신자의 영혼이 구원받고 하나님의 자녀가 되는 것이기 때문에, 각각의 단계는 이 목표를 위해 존재한다. 굳이 순서대로 진행할 필요는 없다.

우리가 태신자와 기본적인 관계를 형성했다면, 그의 삶 속으로 들어가는 단계는 꼭 필요하다. 하나님이신 예수님이 왜 그토록 미련한 방법으로 십자가의 길을 선택하셨는지 생각해 보라.

신이신 주님이 이 땅에, 죄인 된 우리의 삶 속으로 찾아오셨다. 성육신하신 이 사건이야말로 하나님이 우리를 얼마나 그리고 어떻게 사랑하시는지 직접적으로 보이신 사건이다.

우리가 태신자들을 진실로 사랑한다면 우리도 그들의 삶 속으로, 그들의 문화권 속으로 들어가야 한다. 이것이 영혼 구원을 위한 성육신의 과정이다.

많은 경우, 우리는 교회의 문을 열어 놓고 믿지 않는 영혼이 교회로 들어와 주기를 바란다. 물론, 그 바람처럼 교회의 문을 스스로 열고 들어오는 사람도 있다. 감사할 뿐이다.

그러나 모든 교회와 성도가 이런 케이스를 기대하고 있다면 영혼 구원의 속도는 참으로 더디게 진행될 것이다. 예수님의 바람과 명령은 좀 더 적극적인 태도와 행동으로 실현해야 한다.

우리가 우리의 태신자들을 찾아 그들의 삶 속으로 들어가기 위해서는 우리 스스로를 비우지 않으면 안 된다. 마치 예수님이 하나님과 동등됨을 버리신 것처럼, 그분 자신을 철저히 비우고 낮아지신 것처럼 우리도 우리를 버리고 비워야 태신자들과 함께할 수 있다.

'비운다'라는 것은 무슨 의미일까?

그것은 바로 종이 된다는 뜻이다. 노예가 된다는 것이다. 우리가 태신자에게 종이 되지 않고 노예가 되지 않으면 그 영혼을 구할 수 없다는 이야기이다.

오늘날 누군가로부터 조금만 부당한 대우를 받아도 참지 못하는 세상을 우리가 살아가고 있는데, 뭐가 아쉬워서 태신자에게 종과 같이 낮은 자세로 다가가야 하느냐고 묻는 이가 있을지 모르겠다.

나는 알고 지내는 선교사님으로부터 한국 교회가 제왕처럼 권위적으로 대하는 태도를 버리지 않고서는 결코 북한 선교에 성공하지 못할 것이라는 말을 들었다.

선교에만 해당되는 말은 아닐 것이다. 한 영혼을 구하기 위해서, 그들의 마음을 얻기 위해서는 우리의 태도가 바뀌어야 한다. 우리 생각대로, 우리 방식대로 그들이 움직여 주기를 바란다면 전도는 되지 않을 것이다. 그들의 삶과 문화권 속으로 들어간다는 것은 그들과 같이 된다는 것을 의미한다. 아마 선교사들은 이 의미를 누구보다 더 잘 알고 있을 것이다.

> 사람의 모양으로 나타나사 자기를 낮추시고 죽기까지 복종하셨으니 곧 십자가에 죽으심이라(빌 2:8).

'비운다'라는 말의 또 다른 의미는 낮추고 또 낮추어서 죽을 때까지 복종하고 순종하는 태도로 찾아가야 한다는 뜻이다. 이것이 〈FISH 전도법〉이 말하는 태신자의 삶 속으로 들어가는 제자들의 자세다.

이러한 순종과 복종의 태도로 믿음이 없는 태신자의 삶 속으로 들어가는 것이 참으로 중요하다. 사실 태신자의 입장에서는 우리가 하나님보다 먼저 만나게 되는 사람이다.

하나님을 알기 전에 하나님을 보여 줄 수 있는 유일한 사람이 바로 당신이다. 태신자는 당신을 통해 예수님을 알게 되고, 또 하나님을 만나게 된다.

이러한 측면에서 우리는 예수님이 이 땅에 성육신한 모습으로 태신자의 삶 속으로 들어가야 한다. 그리고 그의 삶을 이해해야 한다. 그가 과연 어떤 생각을 가지고 어떤 라이프 스타일을 가지고 살아가는지를 이해해야 한다.

태신자의 문화(생활)권 속으로

> 약한 자들에게 내가 약한 자와 같이 된 것은 약한 자들을 얻고자 함이요 내가 여러 사람에게 여러 모습이 된 것은 아무쪼록 몇 사람이라도 구원하고자 함이니 내가 복음을 위하여 모든 것을 행함은 복음에 참여하고자 함이라(고전 9:22-23).

우리는 태신자의 입장에서 그의 목소리를 들어야 한다. 그가 어떤 삶을 살아가는지 알기 위해서는 그의 문화권 속으로 들어가야 한다. 그래야 그의 삶과 생각이 보이기 시작한다.

한 영혼을 구원하기 위해서는 자신을 내려놓고, 진심으로 그와 그의 삶을 사랑하는 마음으로 다가가야 한다. 한 영혼을 얻기가 결코 쉽지 않다. 쉽지 않기 때문에 많은 사람이 이 일을 포기하며 사는 경우가 많다.

사도 바울도 복음의 열정을 가지고 한 영혼이라도 구원하기 위해 종의 모습으로 다른 사람의 문화권 속으로 들어갔다. 심지어 복음으로는 외인 된 이방인을 향해 그들의 문화권 속으로 들어갔다. 몇 사람이라도 더 구하기 위해 약한 자에게는 약한 자의 모습으로, 천한 자에게는 천한 자의 모습으로 다가갔다. 사도 바울은 이러한 성육신의 태도로 타 문화권으로 다가가는 행위를 복음에 참여하는 것이라고 했다.

구해야 할 사람이 지천으로 널렸는데, 여전히 우리 것을 고집하고 사람이 우리에게로 오기를 원하고 기다리면 안 된다.

이 글을 읽는 당신은 지금 전도하고 있는가?
진심으로 복음을 전하고, 복음에 참여하고 있는가?
성육신의 삶을 살고 있는가?
예수님과 같은 동선 안에 함께 발을 담그고 있는가?
설마 구경꾼이 되어 누가 이기든 떨어지는 콩고물로 배만 채우려고 하지는 않는가?

태신자의 삶과 문화권 속으로 들어간다는 것이 구체적으로 무엇을 말하고 의미하는지 아는가?

태신자도 믿는 우리와 별반 다르지 않은 삶을 살아간다. 기쁘면 웃고 슬프면 울면서 외롭고 힘든 이 세상에서의 삶을 살아가고 있다. 다만, 어렵고 힘든 상황 속에서 믿는 우리가 의지하는 예수님이 마음에 없고, 죽어 돌아갈 영원한 하나님의 나라에 대한 약속과 확신이 없이 살아갈 뿐이다.

태신자에게도 우리와 마찬가지로 자녀가 있을 수 있고, 졸업이나 직장, 취미, 경제 활동 등등 여러 가지 이슈가 삶에 있을 것이다.

당신의 태신자는 자신의 생일 기념이나 입학, 졸업, 직장일, 취미, 운동, 경제 활동 등을 어떻게 하는가?
주말에는 무엇을 하는가?
혹시 그를 위해 중보가 필요한 기도 제목은 없는가?

태신자가 어떤 어려움을 겪고 있지는 않은지, 질병은 없는지, 자녀는 잘 지내고 있는지 등등을 살피기 위해 그의 삶 속으로 관심을 가지고 들어가야 한다.

빛은 어둠을 이긴다

> 이같이 너희 빛이 사람 앞에 비치게 하여 그들로 너희 착한 행실을 보고 하늘에 계신 너희 아버지께 영광을 돌리게 하라(마 5:16).

예수님이 하늘 보좌를 버리고 우리의 삶 속으로 오신 것처럼 우리도 빛 되신 예수님을 사람 앞에 비춰야 한다. 이것이 바로 빛과 소금으로 살라고 하신 예수 그리스도의 명령과 바람을 따르는 삶이다.

세상에는 착하게만 살면 좋은 곳으로 간다고 말하는 사람들도 있다. 그들이 말하는 착한 일과 성경이 말하는 착한 일은 근본적으로 다르다.

성경에서 말하는 착한 일이란 빛 되신 예수 그리스도를 믿음이 없는 자에게 비추어 주는 것을 의미한다. 예수 그리스도라는 생명의 빛을 비추는 것이 바로 성경이 말하는 착한 행실이다. 이것이야말로 우리가 할 수 있는 가장 선한 행실인 것이다.

빛 되신 주님이 우리에게 오셨다. 우리가 빛의 자녀로 그 빛을 소유했다면 이제는 그 빛을 어둠 속에 거하는 태신자에게 비추어 주어야 한다. 태신자의 삶 구석구석을 비추어 주어야 한다. 그래야 음지에서 살아가는 그 자신의 상태를 스스로 깨달을 수 있다. 우리는 예수님의 빛을 끝까지 비추어 주어야 한다.

그런데 우리의 태신자가 처음부터 이 빛을 느끼지는 못할 수 있다. 지속적으로 꾸준하게 그의 삶 속으로 들어가 비추고 또 비추다 보면 언젠가는 깨닫는 날이 올 것이다.

전도를 열심히 하다가 실망하는 경우가 있다. 빛을 비추고 비추었는데도 결과가 나타나지 않아 실망하는 경우다.

> 우리가 선을 행하되 낙심하지 말지니 포기하지 아니하면 때가 이르매 거두리라 그러므로 우리는 기회 있는 대로 모든 이에게 착한 일을 하되 더욱 믿음의 가정들에게 할지니라(갈 6:9-10).

태신자에게 예수님의 빛을 비추는 일은 롱 텀 프로세스이다. 결코 인스턴트식으로 서둘러 교인을 만들려고 하지 않기 바란다. 때로는 지치고 힘들고 낙심할 때도 있을 수 있다. 그때마다 우리는 우리를 찾아오신 예수님을 생각해야 한다. 그 크신 은혜를 대가 없이 지불하신 주님으로 인해 낙심하지 말고 포기하지 말아야 한다.

기회를 찾아서 다시 찾아가고, 또다시 찾아가야 한다. 사람에게 가야 한다. 사람을 만나야 한다.

🍷 어둠을 노크하라

> 너는 말씀을 전파하라 때를 얻든지 못 얻든지 항상 힘쓰라 범사에 오래 참음과 가르침으로 경책하며 경계하며 권하라(딤후 4:2).

때로는 기회조차 만들기가 쉽지 않고 타이밍을 잡지 못할 때도 있을 수 있다. 그러나 한결같은 모습으로 태신자에게 다가가야 한다. 이 한결같은 태도가 태신자에게 주는 임팩트는 참으로 크다.

상상해 보라. 낚시꾼은 비가 오나 눈이 오나, 물고기가 잘 잡히든지 안 잡히든지 한결같이 낚싯줄을 바다를 향해 던진다. 결코 물고기가 가만히 있는 낚시꾼에게 찾아오는 것이 아니다.

보험왕이나 자동차 판매왕이 자신의 수첩에 이름이 적힌 잠재적 고객을 향해 어떻게 나아가는가 생각해 보자.

그들은 고객의 성격, 취미, 경제적 능력 등 수많은 정보와 데이터를 가지고 그 고객의 삶 속으로 들어가 그를 만난다. 고객의 이야기를 들어 주고, 그의 삶의 애환에 함께 웃고 함께 울며, 그의 눈높이에서 대화한다. 혹시라도 기념일과 같은 정보가 있다면 당일에 맞춰 고객에게 축하 화환을 보내거나 카드를 보내기도 한다. 이처럼 여러 가지 모양으로 고객의 삶 속으로 들어가기 위해 애쓰고 힘쓴다.

믿는 우리도 믿음이 없는 태신자의 눈높이에서 만나야 한다. 그의 눈높이에서 대화하고 그의 애환을 들어야 한다.

낚시꾼이나 보험왕, 자동차 판매왕보다도 못한 지구력과 의지를 가지고서 어떻게 천하보다 귀하다는 영혼을 구원하겠는가?

이 지점에서 지금까지 전도하지 못한 자신을 회개하고 회개해야 한다. 전도가 무엇인지도 모르고, 전도를 왜 해야 하는지도 모르고 살아왔다면 진심으로 회개해야 한다.

이제 한 영혼이라도 가슴에 품자. 그 영혼을 위해 끝까지 빛 되신 예수님을 비추자.

인카네이션은 빚잔치

> 헬라인이나 야만인이나 지혜 있는 자나 어리석은 자에게 다 내가 빚진 자라 그러므로 나는 할 수 있는 대로 로마에 있는 너희에게도 복음 전하기를 원하노라(롬 1:14-15).

믿는 우리는 모두 빚진 사람이다. 먼저는 하나님께 사랑의 빚이 있다. 다음으로는 잃어버린 영혼에게 빚을 지고 있다.

우리의 태신자가 어떤 사람이건 간에 믿는 우리는 그에게 빚진 사람이다. 우리는 예수님에 대한 빚을 태신자에게 갚아야 한다. 할 수 있는 대로 우리는 태신자의 문화권 속으로 들어가야 한다. 그리고 그에게 예수님의 선한 빛, 복음의 빛을 비춰 주어야 한다. 그래서 그로 하여금 자신이 죄인임을 깨닫고 주님께 나아갈 수 있도록 도와주어야 한다. 이것이 하나님께 진 빚을 제대로 갚는 방법이다.

조직폭력배의 삶을 소재로 한 영화를 보면, 조폭이 빚을 받으러 가는 장면이 종종 나온다. 그들은 빚진 사람의 상황과 형편을 보지도 듣지도 않는다. 빚을 받기 위해 때려 부수고 협박하고 때리는 것은 물론이고 심지어 장기까지 포기하게 만드는 경우도 있다. 빚진 사람의 입장에 서 보면 너무나 두렵고 불안하다.

전도자는 조폭과는 완전히 반대인 모습으로 다가가야 한다. 우리는 빚을 받으러 가는 것이 아니라 오히려 빚을 갚으러 가는 것이다. 그래서 태신자의 상황과 형편에 귀를 열고 공감하여 함께 웃고 함께 울며 삶을 진심으로 나누어야 한다.

태신자의 입장에선 빚을 갚으러 온 우리의 행동이 이해되지 않을 수도 있다. 자신은 받을 빚이 없는데 빚을 갚겠다고 온 당신에 대해 황당해할 수는 있겠지만 서서히 이유를 알게 될 것이다.

> 우리에게 있는 대제사장은 우리의 연약함을 동정하지 못하실 이가 아니요 모든 일에 우리와 똑같이 시험을 받으신 이로되 죄는 없으시니라(히 4:15).

우리가 이렇게 한다면 어떻게 될까?
우리의 연약함을 다 아시고 우리와 공감하지 못할 것이 없으신 주님의 그 마음으로 태신자를 향해 다가간다면 …?
그의 연약함을 이해하고, 예수님을 알지 못하는 그의 삶을 긍휼히 여기는 마음으로 찾아간다면 …?

예수님에게 탕감받았다면 그 빚을 갚아야 한다. 예수님은 그 빚을 태신자에게 갚기 원하신다. 갚아야 할 빚을 땅에 묻어 두지 말자. 빚을 내 자산인 것처럼 내 것으로 사용하지 말자. 갚자. 주님 만나기 전에 반드시 갚자.

🍷 인카네이션은 은혜

> 갈릴리 해변으로 지나가시다가 시몬과 그 형제 안드레가 바다에 그물 던지는 것을 보시니 그들은 어부라(막 1:16).

예수님은 이 땅에 영혼 구원이라는 대업을 완성하기 위해서 오셨다. 세례를 받으시고 마귀의 시험을 이기신 후 본격적으로 사역을 시작하셨다. 예수님의 사역의 시작은 바로 사람들을 보시고 그들의 삶 속으로 찾아가셔서 그들을 부르시는 것이었다.

어부로 살아가는 시몬과 그의 형제 안드레를 보셨다. 예수님은 제자들의 삶의 현장을 보시고 그 삶 속으로 찾아오셨다. 예수님의 사랑과 은혜는 바로 이 찾아오심에 있다.

'내리사랑'이라는 말이 있다. 일반적으로 부모가 자식을 사랑하는 것을 내리사랑이라고 표현한다. 찾아가고 내려가는 것이 바로 사랑이다.

사랑은 상대방에게 올라오라고 하지 않고, 오히려 말없이 내려가 줄 때 완성된다. 예수님은 하나님으로서, 그 지위나 자리에 연연해하지 않으시고 천하고 낮은 이 땅에 찾아와 주셨다.

> 미쁘다 모든 사람이 받을 만한 이 말이여 그리스도 예수께서 죄인을 구원하시려고 세상에 임하셨다 하였도다 죄인 중에 내가 괴수니라(딤전 1:15).

예수님은 죄인을 구하고 영혼을 살리기 위해서 친히 우리의 삶 속으로 찾아오시고 또한 내려오셨다. 이 내려오심과 찾아오심의 은혜가 얼마나 귀하고 귀한지 모른다. 이 땅을 살다 보면 이런 친절과 사랑, 은혜가 우리 모두에게 정말 필요하다는 생각이 든다.

그러나 우리는 누군가를 향해 관심과 사랑을 가지고 찾아간다는 것이 얼마나 귀한 일인지 모를 때가 많다. 얼마나 많은 사람이 인간관계에서 심한 스트레스와 어려움을 느끼며 살아가는가. 부부 관계에서도 상대방에 대한 관심과 사랑이 부족해 생기는 문제가 있다. 이러한 문제는 자녀와 부모 사이에도 존재하고, 직장에서 동료 사이에도 있다. 교회도 이러한 문제로 갈등과 분열을 겪는 경우가 있다.

사실 '내려오다'라는 말은 '겸손'의 의미를 내포한다. 겸손한 마음이 없으면 결코 상대방의 형편 속으로 내려가고 찾아갈 수 없다.

영어에 'understand'라는 단어가 있다. '이해하다'라는 뜻이다. 문자 그대로 밑(under)에 서지(stand) 않으면 상대방을 이해할 수 없다. 상대방을 사랑하고 이해하려면 상대방의 밑으로 내려가고, 상대방의 밑에 서 보아야 한다.

예수님은 하늘 보좌 위에서 낮고 천하고 무능력한 우리로 하여금 스스로 하나님의 자리로 올라오라 하지 않으셨다. 주님은 친히 천하고 천한 죄인 된 우리의 자리로 내려오셨다. 인간 밑에 서셨다. 이것이 바로 은혜 위의 은혜이다.

사랑하기에 오신 예수님, 그 예수님이 연약한 인간의 모습으로 인간의 삶 속에 오신 이유는 간단하다. 우리를 제자 삼으셔서 받은 사랑을 다른 사람에게 전하기 원하신 것이다. 이 목적이 은혜이고, 이 목적을 따라 우리를 부르신 그 부르심이 바로 은혜이다.

> 하나님이 우리를 구원하사 거룩하신 소명으로 부르심은 우리의 행위대로 하심이 아니요 오직 자기의 뜻과 영원 전부터 그리스도 예수 안에서 우리에게 주신 은혜대로 하심이라(딤후 1:9).

예수님을 만나면 가장 먼저 깨닫게 되는 것이 바로 예수님의 은혜이다. 은혜는 받을 자격 없는 자가 귀한 것을 받는 것을 의미한다. 사랑받을 자격이 없는 죄인 된 우리가 예수님의 사랑을 받은 것이 바로 은혜이다.

예수님은 야고보와 그의 형제 요한에게 찾아오셨고 또 다른 제자들에게도 찾아오셨다. 더 나아가 수많은 영혼, 하늘의 소망이 없고 죄를 깨닫지도 못하고 살아가는 사람들에게 찾아오셨고 그들을 부르셨다.

예수님의 부르심의 기준은 잘나고 능력 있고 세상적으로 내세울 것이 많은지가 아니었다. 오히려 아무도 찾지 않을 죄인임을 아시고서 찾아오셨다. 성경은 이것을 은혜라고 말한다.

때로는 우리를 찾아오셨다는 예수님이 부담스럽게 느껴지고 괜스레 이 사랑과 은혜를 밀어내고 싶은 마음이 들 때가 있다. 그러나 죄인 된 나와 대면하게 되면, 이 끔찍한 죄인을 찾아오신 예수님의 사랑과 은혜가 얼마나 큰지를 깨닫게 된다.

> 복음으로 하면 그들이 너희로 말미암아 원수 된 자요 택하심으로 하면 조상들로 말미암아 사랑을 입은 자라 하나님의 은사와 부르심에는 후회하심이 없느니라(롬 11:28-29).

1976년 심리학 저널에 처음으로 명칭이 등장하여 세상에 알려진 증상으로 '감정표현불능증'(alexithymia)이라는 것이 있다. 자신의 감정을 느끼거나 묘사할 수 없을 뿐 아니라 다른 사람의 감정도 알아차리지 못하는 증상이다.

기질적으로 그런 어려움을 겪는 특별한 경우가 아니라면, 사람과의 관계 속에서 적당한 반응을 하여 그 관계를 더 돈독하게 할 수 있다. 물론, 적절하게 반응하지 못하면 기대와 반대되는 결과를 초래할 수도 있다.

　자녀와의 관계에서 아이가 부모의 사랑과 은혜에 적절하고 건강하게 잘 반응하면 부모는 행복을 느끼게 된다. 친구 관계도 마찬가지이다. 사람인지라 준 만큼 돌려받게 되고, 베푼 만큼 좋은 반응을 보게 되면 더 주고 싶고 더 베풀고 싶어진다.

　예수님이 친히 이 땅에 오셔서, 영원한 생명을 소유하지 못한 어부들을 향해 그들의 삶으로 찾아가셔서 은혜를 베푸셨다. 이 은혜에 베드로, 안드레, 야고보, 요한, 또 다른 제자들이 반응했다. 그뿐만이 아니었다. 수많은 성도도 반응했다. 자신이 가졌던 관심, 생각, 경험 등을 내려 두고 예수님의 은혜의 부르심에 반응했다.

　어부였던 제자들은 그전까지 평생 바다에서 물고기를 잡았다. 나머지 시간에는 잡은 물고기를 팔고, 그물을 깁고, 배를 수리했다. 그런 일상의 삶 속에서 예수님의 부르심에 반응했다. 그들의 반응은 단순히 가진 것을 다 버려 버리고 약속된 것이 전혀 없는 불확실한 미래를 향한 무모한 도전이 아니었다. 예수님이 그들을 위해 든든히 백업(back-up)해 주셨기 때문이다.

　예수님의 사랑이라는 은혜를 받은 제자들은 누구 할 것 없이 다른 사람들을 찾아 나섰다. 예수님이 찾아오신 것처럼 다른 사람들을 찾아갔다. 이것이 바로 은혜받은 자의 당연한 반응이다.

이제 우리 차례가 왔다. 예수님의 은혜를 받았다면 다른 사람들을 찾아 은혜에 반응하자. 우리 모두 은혜에 반응하는 까리한(멋진) 인카네이터가 되자!

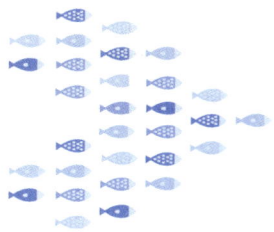

제6장

우리가 남이가?
HELP THE PEOPLE

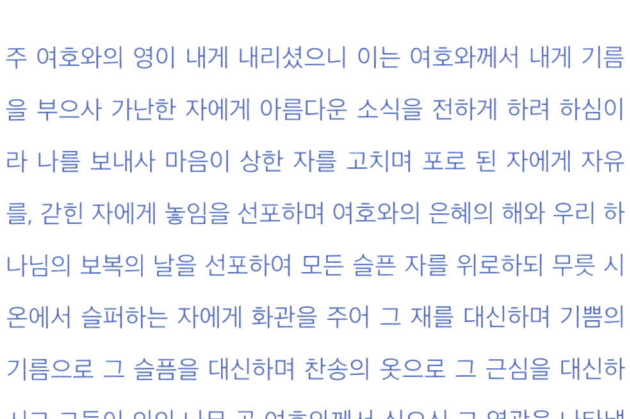

주 여호와의 영이 내게 내리셨으니 이는 여호와께서 내게 기름을 부으사 가난한 자에게 아름다운 소식을 전하게 하려 하심이라 나를 보내사 마음이 상한 자를 고치며 포로 된 자에게 자유를, 갇힌 자에게 놓임을 선포하며 여호와의 은혜의 해와 우리 하나님의 보복의 날을 선포하여 모든 슬픈 자를 위로하되 무릇 시온에서 슬퍼하는 자에게 화관을 주어 그 재를 대신하며 기쁨의 기름으로 그 슬픔을 대신하며 찬송의 옷으로 그 근심을 대신하시고 그들이 의의 나무 곧 여호와께서 심으신 그 영광을 나타낼 자라 일컬음을 받게 하려 하심이라(사 61:1-3).

위의 말씀은 복음의 핵심을 잘 포함하고 있다. '복된 소식', '아름다운 소식'인 이 복음은 사람의 영육 간에 필요를 채우는 것을 의미한다. 복음은 가난한 자, 마음이 상한 자, 포로 된 자, 갇힌 자, 슬픈 자, 근심하는 자들에게 필요하다.

우리가 살리려고 하는 태신자도 그들와 별반 다를 것이 없다. 그도 그의 삶 속에서 어렵고 힘든 상황을 경험하고 있을 것이다. 그야말로 복음이 필요한 자이다.

사실 복된 소식이 필요한 사람은 정해져 있다. 예수님도 이 땅에 오셔서 그분이 필요한 사람이 특정 부류라고 말씀하셨다.

> 바리새인의 서기관들이 예수께서 죄인 및 세리들과 함께 잡수시는 것을 보고 그의 제자들에게 이르되 어찌하여 세리 및 죄인들과 함께 먹는가 예수께서 들으시고 그들에게 이르시되 건강한 자에게는 의사가 쓸 데 없고 병든 자에게라야 쓸 데 있느니라 나는 의인을 부르러 온 것이 아니요 죄인을 부르러 왔노라 하시니라(막 2:16-17).

많은 것을 가진 사람은 굳이 복음을 복음으로 받으려고 하지 않는다. 자신이 건강하다고 생각하는 사람이 굳이 병원에 가지 않는 것과 동일하다.

문제는 자신에게 병이 있음에도 병이 있음을 깨닫지 못하고 사는 사람이 많다는 것이다. 자신의 건강을 철석같이 믿고 살면 병의 유무와 관계없이 병원이 필요하지 않게 된다.

우리는 우리가 가진 태신자 리스트 속에 들어와 있는 사람에게 복음을 전하면서, 동시에 그의 영육 간의 필요에 민감해야 한다. 복음을 전하는 우리가 태신자의 삶의 형편에 민감하지 않고 별생각이 없으면 그에게 예수 복음을 전할 수 없고 피상적인 복음만을 전할 수밖에 없다.

눈에 뵈는 게 없네!

> 아무 일에든지 다툼이나 허영으로 하지 말고 오직 겸손한 마음으로 각각 자기보다 남을 낫게 여기고 각각 자기 일을 돌볼뿐더러 또한 각각 다른 사람들의 일을 돌보아 나의 기쁨을 충만하게 하라(빌 2:3-4).

사실 예수님의 마음을 품기 시작하면 사람이 보이기 시작한다. 예수님의 마음을 가지고서 보는 것과 그렇지 않은 것의 결과는 너무나 다르다. 예수님의 마음이 우리 마음속에 이식되면 그때부터 다른 사람의 필요에 민감해지기 시작한다.

전도의 시작과 끝은 사람이다. 사람이 너무나 중요하다. 사람 때문에 예수님이 이 땅에 오셨다. 이 사람 때문에 예수님이 십자가의 형벌을 친히 당하셨다. 이 사람 때문에 예수님이 부활 승천하셨다. 이 사람 때문에 성령 하나님을 우리에게 주셨다.

결국은 사람이다. 〈FISH 전도법〉의 핵심은 사람이다. 사람을 바라보고 사람을 이해하는 것이야말로 제자 된 우리에게 가장 필요한 일이다.

그런데 너무나 많은 교회와 성도가 사람을 놓치고 다른 것에 시선을 빼앗길 때가 많다. 사람보다 돈, 사람보다 자신이 먹고사는 일에 마음을 빼앗길 때가 너무 많다.

> 갈릴리 해변으로 지나가시다가 시몬과 그 형제 안드레가 바다에 그물 던지는 것을 보시니 그들은 어부라 예수께서 이르시되 나를 따라오라 내가 너희로 사람을 낚는 어부가 되게 하리라 하시니(막 1:16-17).

예수님은 평생을 바다와 물고기와 먹고사는 문제에 매여 살던 제자들을 보셨고 그들을 찾아오셨다. 그들은 바닷가에서 나고 자랐다. 예수님은 어떻게 하면 바다에서 더 많은 물고기를 잡아 더 나은 삶을 살 수 있을까 하는 생각에 매몰된 어부들의 삶 속으로 찾아오셨다. 그리고 그런 그들을 향해 '사람'을 이야기하셨다.

내가 복음서를 읽을 때마다 의문스럽게 여긴 부분이 있다. 바로 어떻게 제자들이 "나를 따르라"라는 예수님의 말씀에 자기들이 가진 모든 것을 버리고 따라갈 수 있었는가 하는 문제다. 그 의문은 내가 전도에 미치기 시작했을 때부터 풀렸다.

나는 어려서부터 교회라는 환경 안에서 자랐다. 교회 일도 열심히 했고 그 나름대로 믿음이 출중하다는 말을 들으며 살았다. 그렇지만 세상에서 무엇을 먹을지, 무엇을 마실지, 어떻게 해야 잘살 수 있을지를 늘 고민하며 살았다.

어쩌면 어부였던 예수님의 제자들도 비슷한 삶을 살지 않았을까 생각한다. 그들의 삶을 상상해 보자. 처음에는 남의 배를 타고 고기를 잡았을 것이다. 그러다 어느 순간 깨달았을 것 같다. 선주가 훨씬 더 많은 수익을 남긴다는 것을. 제자들도 모으고 아껴서 배를 사고 싶었을 듯하다. 막상 배를 구입해 보니, 더 큰 배를 소유하고 더 많은 선원을 부리는 선주들이 눈에 들어왔을 것이다. 더 큰 배, 혹은 더 많은 배를 소유해야겠다는 목표가 생겼을지 모른다.

그런데 그 목표가 이루어지면 끝날까?

아니다. 해변가의 멋진 집도 보일 테고, 점점 더 많은 것이 눈에 들어올 것이다. 바로 물고기와 돈이다. 대부분 어부에게 있어 관심사는 오직 물고기와 돈이다.

♥ 전도의 가장 큰 걸림돌, 먹고사는 일

왜 우리가 전도하지 못하는가를 따로 설명하고 싶은 마음이 있다. 다 돈 때문이다. 먹고사는 일 때문에 우리에게는 영혼이 보이지 않고 사람이 보이지 않는다.

예수님이 돈과 하나님을 겸하여 섬길 수 없다는 말씀을 하셨다. 정말 그렇다. 돈 앞에서는 사람이 보이지 않는다.

돈과 물고기만 보고 듣고 살아온 어부들에게 예수님은 '사람'을 이야기하셨다. '영혼'을 말씀하셨다. 그때 제자들의 가치관에 충격이 왔다.

'사람, 사람, 사람이라니 …!'

더 정확히 말하면 예수님은 그들에게 "다른 사람의 필요를 채우는 사람으로 살자. 그런 삶을 살자" 하시면서 같이 가자고 말씀하셨다.

전도가 바로 이런 것이다. 다른 사람의 필요를 채우기로, 다른 사람의 영육 간의 필요를 채워 주는 사람으로 살겠다고 결단하고 실천하는 것이다.

나는 이것을 깨닫기까지 오랜 시간이 걸렸다. 많은 성도가 과거의 나처럼 여전히 물고기 잡는 일과 먹고사는 문제에 매여 정신없이 살아갈 것이다. 대개 처음에는 풀타임으로 일할 수 있는 직장을 얻는 것이 문제이고, 그 문제가 해결되면 더 많은 월급을 받을 수 있느냐가 문제가 된다. 많은 월급을 받으면 어떻게 재테크를 할지 고민되고, 이 고민이 해결될 즈음에 더 큰 떡 덩이가 우리 눈앞에 나타날 것이다. 좀 더 큰 차와 좀 더 넓은 평수의 아파트 그리고 주식으로 얻는 수익 등이 우리의 생각과 시간을 좀먹을 것이다.

더 많은 물고기를 잡고, 더 큰 배를 구입하고, 더 많은 것을 소유하면 성공했다고 인정받고 뿌듯해질 것이다. 교회도 이런 결과를 낸 사람에겐 믿음이 좋아서 축복을 받았나 보다고 칭찬해 줄 것이다.

그러나 성경 어디에서도 이런 인생을 성공한 인생이라고 기록하지 않았다.

> 한 사람이 두 주인을 섬기지 못할 것이니 혹 이를 미워하고 저를 사랑하거나 혹 이를 중히 여기고 저를 경히 여김이라 너희가 하나님과 재물을 겸하여 섬기지 못하느니라 그러므로 내가 너희에게 이르노니 목숨을 위하여 무엇을 먹을까 무엇을 마실까 몸을 위하여 무엇을 입을까 염려하지 말라 목숨이 음식보다 중하지 아니하며 몸이 의복보다 중하지 아니하냐(마 6:24-25).

다른 사람의 영육 간의 필요를 채우지 못하는 가장 큰 이유는 우리 스스로 무엇을 먹을까 무엇을 마실까 무엇을 입을까 하는 문제를 해결하지 못했기 때문이다.

우리는 끊임없이 이 문제와 씨름하며 살아간다. 이방인이 구하는 것 때문에 끊임없이 고민하고 갈등하다가 다른 사람을 돌아볼 틈이 없는 삶을 살게 된다. 항상 돈과 주님, 돈과 주님의 뜻, 돈과 주님의 비전 사이에서 방황하고 넘어지다가 결국 다른 영혼을 보살피고 그의 필요를 채우는 삶을 살기가 쉽지 않게 된다.

돈보다 영혼

> 그러므로 염려하여 이르기를 무엇을 먹을까 무엇을 마실까 무엇을 입을까 하지 말라 이는 다 이방인들이 구하는 것이라 너희 하늘 아버지께서 이 모든 것이 너희에게 있어야 할 줄을 아시느니라 그런즉 너희는 먼저 그의 나라와 그의 의를 구하라 그리하면 이 모든 것을 너희에게 더하시리라(마 6:31-33).

이 땅을 살아가면서 우선순위를 분명히 해 보자. 먼저 사람을 보고, 먼저 영혼을 보고, 먼저 하나님의 나라를 보면 이 땅에서 필요한 모든 것을 채우시는 하나님이 보이기 시작할 것이다.

그러나 만에 하나, 하나님께서 모든 것을 채우시지 않는다 해도 하나님을 따를 수 있겠는가?

이 질문에 대한 대답이 명확하지 않으면 하나님의 나라를 쉽게 볼 수 없다. 우리 가운데 하나님의 말씀과 약속에 대해 거듭남이 없으면 결코 하나님의 나라와 그분의 잃어버린 영혼을 볼 수 없다. 사람이 보이지 않는다. 죽어 가는 영혼이 보이지가 않는다. 평생 내가 먹고사는 데 필요한 일이 보이고, 무엇을 먹고 마시며 살아갈까의 문제만 내 문제가 된다.

어부였던 예수님의 제자들도 다르지 않았을 것이다. 바닷가에서 나서 평생 그곳에서 자란 그들에게도 먹고 마시며 살아가는 일이 큰 이슈였을 것이다. 그런 그들에게 예수님이 찾아와서 단 한 번도 생각해 보지 못했던 사람과 영혼에 대한 말씀을 하셨다.

이 말씀의 의미를 깨닫고 믿어야 사람이 보이고 그 영혼이 보이기 시작한다. 아무리 교회를 다니고 예배에 참여하여 말씀을 듣는다 할지라도 깨달음이 없으면 사람은 보이지 않는다.

교회 안에서 왜 싸우겠는가?
목회자가 왜 돈을 좋아하겠는가?
성도가 왜 전도하지 않겠는가?

그 이유는 간단하다. 사람이 보이지 않기 때문이다.

> 갈릴리 해변으로 지나가시다가 시몬과 그 형제 안드레가 바다에 그물 던지는 것을 보시니 그들은 어부라 예수께서 이르시되 나를 따라오라 내가 너희로 사람을 낚는 어부가 되게 하리라 하시니(막 1:16-17).

사람이야말로 예수님이 이 땅에 오신 진짜 이유다. 사람 때문에 예수님이 이 땅에 오셨다. 사람 때문에 예수님은 제자들을 부르셨다. 지금도 사람을 살리고 영혼을 구하기 위해 제자들과 성도들을 부르신다. 예수님은 이 땅에 오셔서 영혼을 살리고 구하기 위해 친히 그들의 삶 속으로 들어가셨다. 그리고 죄인들을 불쌍히 여기셨다. 그들을 긍휼히 여기셨을 뿐만 아니라 친히 그들의 영육 간의 필요를 채워 주셨다.

전도는 영육 간의 필요를 채우는 일

> 무리를 보내어 두루 촌과 마을로 가서 무엇을 사 먹게 하옵소서 대답하여 이르시되 너희가 먹을 것을 주라 하시니 여짜오되 우리가 가서 이백 데나리온의 떡을 사다 먹이리이까(막 6:36-37).

수많은 사람이 복음을 듣기 위해, 예수님을 만나기 위해 왔다. 예수님은 사람들의 형편을 잘 이해하시고 그들의 굶주린 배를 채워 주셨다.

제자들의 눈에는 사람보다 그들에게 들어갈 돈이 먼저 보였다. 제자들은 적지 않은 데나리온이 필요함을 직감적으로 알았다. 그런 제자들에게 예수님이 말씀하셨다.

"너희가 먹을 것을 주라."

예수님은 제자들의 상황을 아셨다. 그렇지만 허기진 사람들이 해를 입을까 염려하셨다.

그렇다면 태신자의 영육 간의 필요를 누가 채워 주어야 하는가?

누가 태신자의 필요에 반응해야 한다고 생각하는가?

바로 '우리'다. 예수님의 제자 된 우리가 그의 필요를 채워 주어야 한다. 성경 곳곳에 예수님이 연약하고 불쌍한 자들의 영육 간의 필요를 채우신 일이 기록되어 있다. 제자들도 예수님처럼 연약한 사람의 형편을 살피고 그의 영육 간의 필요를 채웠다.

> 그가 그들에게서 무엇을 얻을까 하여 바라보거늘 베드로가 이르되 은과 금은 내게 없거니와 내게 있는 이것을 네게 주노니 나사렛 예수 그리스도의 이름으로 일어나 걸으라 하고(행 3:5-6).

이처럼 영혼을 살리고 생명을 구하기 위해서 예수님이 하셨던 것처럼 우리도 태신자의 영육 간의 필요를 채워 주어야 한다.

예수님은 구원받은 자와 구원받지 못한 자를 구분하여 차별하지 않으셨다. 구원받지 못했다고 홀대하거나 외면하지 않으셨다. 오히려 믿음이 없는 자를 더 불쌍히 여기셨다.

우리의 태신자가 교회에 나오지 않거나 믿음을 소유하지 않았다고 해서 제외시켜서는 안 된다. 오히려 더 긍휼히 여기고 필요를 채워 주어야 한다.

태신자의 영육 간의 필요를 채우는 일에, 남들이 하는 모양과 방법과 방향을 똑같이 복사하거나 좇아가야 할 필요는 없다. 이미 우리에게 임하신 성령 하나님의 도우심을 따라 하면 된다.

우리 각자는 받은 달란트와 은사가 다 다르다. 우리가 받은 것으로 태신자를 도우면 된다. 내 것으로 하는 게 아니고 하나님이 주신 것으로 하는 것이다. 내 것으로 하는 일은 얼마 가지 못하고, 그 한계는 크다. 그러나 우리 안에 역사하시는 성령 하나님의 능력으로 하면 그 한계는 가히 우리의 예상과 기대를 훨씬 뛰어넘는다.

우선순위 No.1

> 또 사역은 여러 가지나 모든 것을 모든 사람 가운데서 이루시는 하나님은 같으니 각 사람에게 성령을 나타내심은 유익하게 하려 하심이라 어떤 사람에게는 성령으로 말미암아 지혜의 말씀을, 어떤 사람에게는 같은 성령을 따라 지식의 말씀을, 다른 사람에게는 같은 성령으로 믿음을, 어떤 사람에게는 한 성령으로 병 고치는 은사를, 어떤 사람에게는 능력 행함을, 어떤 사람에게는 예언함을, 어떤 사람에게는 영들 분별함을, 다른 사람에게는 각종 방언 말함을, 어떤 사람에게는 방언들 통역함을 주시나니 이 모든 일은 같은 한 성령이 행하사 그의 뜻대로 각 사람에게 나누어 주시는 것이니라(고전 12:6-11).

나는 가끔 성령파라고 자신을 소개하는 목회자들을 만나게 된다. 그리고 그분들이 자랑하는 성령의 은사와 역사를 듣게 된다. 그런데 다 그렇지는 않겠지만 그들의 은사가 영혼 구원과 무관한 경우를 종종 본다. 방언을 받고 통변을 받고 예언하고 심지어 기도하면 금이 나오는 엄청난 이적을 경험했다고 하는데, 내가 더 중요하게 생각하는 게 있다.

그럼 그다음은?

그런 귀한 은사 받고 나서 그다음은 어떻게 할 것인가?

은사가 필요 없다는 것이 아니다. 결국 그 받은 은사를 무엇을 위해 사용할 것인가에 대한 분명한 답이 있어야 한다.

나는 성경에서 말하는 모든 은사를 인정한다. 그리고 사모한다. 그럼에도 우리가 이 모든 은사를 가져야 할 분명한 이유가 있어야 한다고 생각한다. 은사는 사실 다른 사람을 위하여 사용할 때 그 진가를 발휘한다.

생명을 구하고 살리는 은사야말로 최고의 은사가 아닐까?

한국은 은사에 목마름이 많지만, 동시에 은사 때문에 문제도 많은 것으로 안다. 은사의 권리(copyright)는 은사를 받은 사람에게 있는 것이 아니라 하나님께 있다. 은사를 주신 이유는 분명하다. 주인을 위해 사용하라는 것이다.

어디 은사만 그렇겠는가. 돈도 마찬가지다. 집도 마찬가지다. 좋은 직장과 자동차도 마찬가지다. 왜, 무엇을 위해 우리에게 있어야 하는가에 대한 분명한 대답을 가지고 구해야 한다.

우리가 믿는 예수 생명의 도, 기독교는 이 땅에서 잘 먹고 잘살기 위해 하나님을 붙잡고 이용하는 종교가 아니다. 오히려 이 땅에서는 힘들고 어렵지만 하나님을 위해서라면 나의 모든 것을 아낌없이 내어 드릴 수 있는 믿음을 붙잡는 종교다. 죽어 가는 생명을 살리기 위해 1년이고 몇 년이고 희생하고 헌신하며 눈물로 기도하고, 내가 가진 콩 하나라도 기꺼이 태신자를 위해 나눌 수 있는 믿음의 종교다.

성령의 은사의 목적을 여러 가지로 나누어 말할 수 있겠지만, 결국 은사는 사람을 살리고 영혼을 구하는 일에 사용해야 한다. 성령이 하시는 주된 사역이 하나님을 알게 하고, 그분의 말씀을 깨닫게 하고, 그분의 나라를 따르게 하는 것이기 때문이다.

은사의 있고 없음보다 받은 성령의 은사를 어떤 목적을 위해 사용할 것인가를 심각하게 고민해 보아야 한다. 부활하신 예수 그리스도께서 사람을 제자 삼으라 말씀하시고 승천하신 후, 그 일을 위해 돕는 보혜사 성령을 제자들에게 주셨다. 고로 이 보혜사 성령께서 하시는 가장 큰 일은 사람을 살리고 영혼을 구원하는 제자를 돕는 일이다.

전도하기 위해서는 제자 된 우리가 먼저 삶의 우선순위를 결정해야 한다. 평생을 먹고사는 문제, 물고기 잡는 문제에 매몰되어 있으면, 정작 하늘로부터 은혜를 경험할 수가 없다. 공중 나는 새를 먹이시고 들의 백합화를 입히시는 하나님을 의지해야 한다.

우리의 시선을 들어, 사람의 영혼을 바라보아야 한다. 그리고 그의 영육 간의 필요를 채워 나가기 시작해야 한다. 우리가 이 일을 시작하면 하나님도 동시에 일하신다. 왜냐하면, 이 일이 바로 하나님의 일이고 하나님의 소원이기 때문이다.

태신자에게 영육 간의 필요가 생기면, 하나님은 우리를 통해 일하신다. 우리는 그 일하시는 하나님을 통해 은혜와 위로를 경험하게 된다.

끊임없이 필요를 채우는 프로바이더(provider)

> 너희 관용을 모든 사람에게 알게 하라 주께서 가까우시니라 아무것도 염려하지 말고 다만 모든 일에 기도와 간구로, 너희 구할 것을 감사함으로 하나님께 아뢰라 그리하면 모든 지각에 뛰어난 하나님의 평강이 그리스도 예수 안에서 너희 마음과 생각을 지키시리라(빌 4:5-6).

복음을 전하고, 사람을 살리고, 영혼을 구원함에 있어 태신자의 영육 간의 필요를 발견하고 그것을 채워 나가는 것은 제자의 당연한 책임이요 의무이다. 하나님은 이 일을 위해 우리를 먼저 부르셨고, 이 일을 감당할 수 있도록 기도할 수 있게 하셨고, 간구하게 하셨다.

지금 우리가 가진 기도의 제목을 다시 살펴보자.

우리는 무엇을 기도하고 무엇을 간구하고 있는가?

과연 우리는 성령께서 그토록 간절하게 기도하고 계신 것을 기도하고 있는가?

나 아닌 다른 사람의 필요를 채우기 위해 기도해야 하고, 주시는 하나님의 은혜를 흘려보내야 한다. 믿어 의심치 말고 기도하고 간구하면 분명 모든 지각에 뛰어나신 하나님께서 우리를 통해 태신자의 영육 간의 필요를 채우실 것이다.

교회가 영육 간의 필요를 채워 주리라 기대하지 말자. 목회자가 이 일을 감당해야 한다고 주장하지 말자. 태신자의 상황을 가장 잘 알고 가장 빨리 도울 수 있는 우리 각자가 그 필요를 채우자.

〈FISH 전도법〉이 오병이어 되어서, 이 전도법을 통해 태신자의 필요를 채우겠다 다짐하며 실천하는 당신으로 인해 수많은 영혼이 먹고 남음이 있기를 기도하자. 물고기 두 마리가 우리 손을 떠나 하나님의 손에 들려지는 순간 기적이 일어날 것이다.

영혼 구원의 기적이 일어날 것이다. 2천 년 전의 기적이 지금 우리 가운데 일어날 것이다.

맺는 글

내가 이 책을 쓰게 된 가장 주된 목적은 우리 모두가 전도해야 함을 알리는 것이다. 전도는 추상적 개념이나 신학적 이론이 아니다. 이것은 우리 모두의 사명이고 책임과 의무이다. 우리가 몇 년 신앙생활을 했거나, 혹은 어느 교회에 출석하느냐가 중요한 것이 아니라, 어떻게 우리의 믿음을 삶 속에서 증명하며 살아가고 있는가가 더 중요하다.

작은 개척교회 목사로서 내 교회를 어떻게든 채워서 더 큰 교회로 만들기 위한 목적이 아니다. 난 전도하고 싶고 복음을 전하고 싶을 뿐이다. 교회의 크기와 성도의 유무에 관계없이 주님의 소원에 조그만 몸짓으로라도 응답하고 싶을 뿐이다.

개척교회 안에 이러한 전도에 함께할 수 있는 인원이 너무 부족하기에 때로는 외롭고 마음이 무너질 때도 있지만 그럼에도 전도해야 하므로 전도하고자 결단하는 심정으로 이 책을 썼다. 이 책으로 인해 독자가 조금이라도 전도에 대한 관심이 생기고 또한 전도의 중요성을 알게 된다면 그것보다 더 기쁜 일은 없다.

한국과 미국에 있는 성도 모두 어디에서든 예수님의 제자로서 다른 사람을 제자 삼을 수 있는 능력을 키우고 울며 복음의 씨를 뿌려 언젠가 주님의 은혜로 기쁨으로 영혼의 단을 얻기를 소망한다.

혹시 세례 요한처럼 척박한 사막과 같은 곳에서 복음을 전하다 세상 인기와는 전혀 관계없는 삶으로 마감된다 할지라도 두려워하지 않고 복음을 외칠 수 있기를 축복한다. 때로는 복음의 증인으로 살기 위해 굶주림과 헐벗음, 그리고 핍박을 당하는 상황이 온다 할지라도 증인 된 삶을 포기하지 않기를 축복한다.

우리 주님 예수 그리스도께서 그러하셨듯이, 세례 요한과 바울과 우리의 선조가 그러했듯이 눈물로 복음의 씨앗을 자신의 삶 속에서 뿌리는 복된 인생 되기를 축복한다.

"이 〈FISH 전도법〉이 오병이어가 되어 하나님 손에 들려져 수천 명의 영혼을 살리고 남음이 있기를 예수님의 이름으로 기도합니다! 아멘, 아멘!"

> 예수께서 떡 다섯 개와 물고기 두 마리를 가지사 하늘을 우러러 축사하시고 떡을 떼어 제자들에게 주어 사람들에게 나누어 주게 하시고 또 물고기 두 마리도 모든 사람에게 나누시매 다 배불리 먹고 남은 떡 조각과 물고기를 열두 바구니에 차게 거두었으며 떡을 먹은 남자는 오천 명이었더라(막 6:41-44).